山西古村镇系列丛书

娘子关古

山西省住房和城乡建设厅组织编写

薛林平 石越 白茹
于代宗 于丽萍 李家琪

著

中国建筑工业出版社

图书在版编目(CIP)数据

娘子关古镇／薛林平等著. —北京：中国建筑工业出版社，2011.10
（山西古村镇系列丛书）
ISBN 978-7-112-13516-5

Ⅰ.①娘… Ⅱ.①薛… Ⅲ.①乡镇-简介-平定县②关隘-简介-平定县
Ⅳ.①K922.54②K928.77

中国版本图书馆CIP数据核字（2011）第174201号

责任编辑：费海玲
责任设计：叶延春
责任校对：姜小莲　陈晶晶

山西古村镇系列丛书
山西省住房和城乡建设厅组织编写

娘子关古镇

薛林平　石　越　白　茹　于代宗　于丽萍　李家琪　著

*

中国建筑工业出版社出版、发行（北京西郊百万庄）
各地新华书店、建筑书店经销
北京方舟正佳图文设计有限公司制版
北京方嘉彩色印刷有限责任公司印刷

*

开本：787×960毫米　1/16　印张：11½　字数：276千字
2011年11月第一版　2011年11月第一次印刷
定价：50.00元
ISBN 978-7-112-13516-5
　　　　　（21264）

《山西古村镇系列丛书》

主　编：王国正　李锦生

副主编：张　海　薛明耀　于丽萍

《娘子关古镇》

著　者：薛林平　石　越　白　茹

　　　　于代宗　于丽萍　李家琪

丛书总序

　　我曾多次到过山西，这里丰富的历史遗存和深厚的人文底蕴，令人赞叹，给人的印象非常深刻。山西省建设厅张海同志请我为《山西古村镇系列丛书》作个序，在这里我就历史文化遗产和古村镇保护等有关问题谈一些粗浅的想法。

　　国际经济社会发展的经验证明，一个国家城镇化水平达到30％以后，城镇化进程不断加快，随之出现城市建设的高潮；人均生产总值达到1000～3000美元时，进入经济发展的黄金期，也是多种矛盾的爆发期，这个时期不仅可能引发各种社会矛盾，还会出现许多问题。我国城镇化水平2003年就已经超过了40％，人均生产总值2006年已经超过了2000美元，国民经济快速发展，城镇化进程不断加速；在城市建设日新月异的发展中，中央又审时度势提出了"两个趋势"的科学判断，作出了加强小城镇和新农村建设的决策。过去，我国城市的大批建筑遗存，正是在大搞城市建设中遭到毁灭性破坏。现在，我国农村许多建筑遗产，能否在小城镇和新农村建设中有效保护，正面临着严峻考验。处理好小城镇和新农村建设与古村镇保护的关系，保护祖先留下的非常宝贵、不可再生的文化遗产，是历史赋予我们义不容辞的责任。

　　对于建筑历史文化遗产的保护，人们的观念不断创新、思路逐步调整、方法正在改进，从注重官府建筑、宗教建筑的保护，向关注平民建筑保护的转变；从注重单体建筑的保护，向关注连同建筑周边环境保护的转变；尤其是近年来，特别关注古村镇的保护。因为，古村镇是区域文化的"细胞"，是一个各种历史文化的综合载体，不仅拥有表现地域、历史和民族风情的民居建筑、街区格局、历史环境、传统风貌等物质文化遗产，还附着居住者的衣食起居、劳动生产、宗教礼仪、民间艺术等非物质文化遗产。我国现存有大量的古村镇，其历史文化价值和社会经济价值都是巨大的，按照英格兰的统计方法，古村镇的价值应占到GDP的30％以上。然而，认识到这一点的人并不多，甚至有人认为古村镇、古建筑是社会发展的绊脚石，这种观点对于文化的传承和社会的进步都是极为不利的。在快速推进的城乡建设浪潮中，我们所面临的最大问题就是，大批历史古迹被毁坏，大批古村镇被过度改造，使中华民族的历史文化遗产严重损坏。在这个时候提出古村镇的保护，实际上是一项带有抢救性的工作。

　　2008年1月1日开始实施的《城乡规划法》，突出强调了保护历史文化遗产的重要性；2008年4月又颁布了《历史文化名城名镇名村保护条例》。历史文化名城保护工作已开展近30年，历史文化名镇名村保护工作也已启动，现在大家基本达成共识，保护有价值的古村镇，其实就是"保护文化遗产，弘扬优秀的传统文化……保持民族性，体现时代性"。但是，当前全国历史文化村镇保护的形势仍然不容乐观，保护工作极不平衡，一些地方还未认识到整体保护历史文化村镇的重要性，忽视了周边环境风貌和尚未列入文物保护单位的优秀民居的保护，制定和完善保护历史文化村镇规划的任务还十分艰巨；一些地区片面追求经济效益，对历史文化村镇进行无限度、无规划的盲目开发；一些地方擅自改变国有文物保护单位的管理体制，交给企业经营管理。

作为华夏文明的发祥地之一，山西有着丰厚的文化积淀和历史遗存，不仅有数量众多的古建筑，还保存有大量的古村镇。由于山西历史悠久、民族聚居、文化融合、地形差异等多因素影响，再加之较为发达的古代经济，建造了大量反映农耕文明时代、各具特色的古村镇。这些古村镇，一是分布在山西中部汾河流域，以平遥古城为中心，以晋商经济为支撑，体现晋商文化特色；二是分布在晋城境内沁河流域，以阳城县的皇城、润城为中心，以冶炼工业及商贸流通为支撑，体现晋东南文化特色；三是分布在吕梁山区黄河沿岸，以临县碛口古镇为中心，以古代商贸流通、商品集散为支撑，体现晋西北黄土高原文化；四是沿山西省内外长城，在重要边关隘口，以留存了防御性村堡，体现边塞风情和边关文化，在山西统称为"三河一关"古村镇。这些朴实生动和极富文化内涵的古村镇，是人类生存聚落的延续，是中国传统建筑的精髓；保存有完整的古街区、大量的古建筑，体现着先人在村镇选址、街区规划、院落布局、建筑构造、装饰技巧等方面的高超水平；真实地反映了农耕文明时代的乡村经济和社会生活，凝聚了劳动人民的智慧，沉淀了中华民族的优秀文化，传承了丰富的历史信息；具有浓郁的地方特色和很高的研究价值，是人类共同的文化遗产和宝贵财富。

山西省建设厅一直对古村镇及其文化遗产的保护非常重视，从2005年开始，对全省的古村镇进行了系统普查，根据普查的初步成果，编辑出版了《山西古村镇》一书；同年，主办了"中国古村镇保护与发展碛口国际研讨会"，并通过了《碛口宣言》。报请省政府下发了《关于历史文化名镇名村保护工作的意见》，并分两批公布了71个"山西省历史文化名镇名村"，其中18处已经成为"中国历史文化名镇名村"。为大部分古村镇制定了科学的保护规划，开展了多层次的保护工作，逐步形成了科学、合理、有效的保护机制。为了不断提高人们的保护意识，他们又组织编写了《山西古村镇系列丛书》，本系列丛书撷取山西有代表性的古村镇，翔实地介绍了其历史文化、选址格局、建筑特色、非物质文化遗产，内容较为丰富。为了完成书稿的写作，课题组多次到现场调查，在村落中居住生活了相当一段时间，积累了大量第一手资料。通过细致的测绘图纸和生动的实物照片，可以看到他们极大的工作热情和辛勤劳动。这套丛书不仅是对古村镇保护工作的反映，更有助于不断增强全社会的文化遗产保护意识。让我们以此为契机，妥善处理保护与发展的关系，做到科学保护、有效传承、永续利用历史文化遗产，不断开创历史文化名镇名村保护工作的新局面。

是为序。

住房和城乡建设部　副部长

目 录

C   O   N   T

E   N   T   S

CONTENTS

概论

GAILUN

一、引述

　　娘子关古镇位于山西省东部太行山脉中段，今属阳泉市平定县，与河北省井陉县接壤，是衔接晋冀两省的重要通道（图1-1~图1-3）。镇域内拥有丰富的关防建筑和民居建筑，对研究我国古代防御体系和民居建筑均具有重要价值（图1-4）。2007年，娘子关古镇被公布为第三批中国历史文化名镇。本书主要论述与娘子关关防体系紧密相关的娘子关村、娘子关关城、上下董寨村、固关关城等[1]。

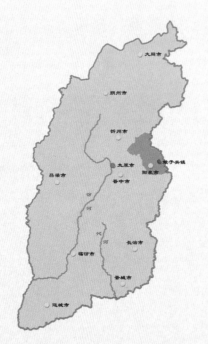

图1-1 娘子关在山西省的区位

图1-2 娘子关地理形势图[2]

1 娘子关镇现辖大社村、背峪村、西武庄村、东武庄村、程家村、贤沟村、旧关村、新关村、西塔堰村、东塔堰村、城西村、坡底村、河滩村、河北村、娘子关村、关沟村、上董寨村、下董寨村、金窝庄村、三星村、吊沟村、涧城寺村、罗家庄村、井沟村等24村。

2 引自：《娘子关志》编纂委员会.娘子关志.中华书局，2000年。

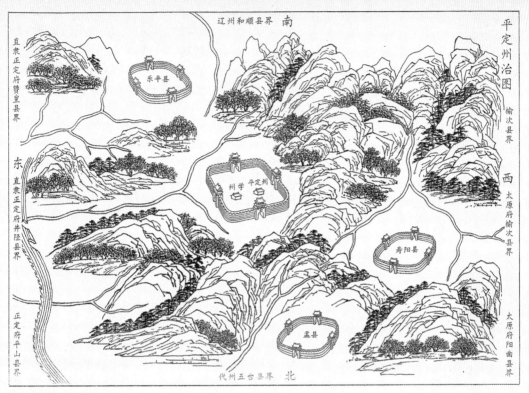

图1-3 平定州志图[1]

"楼头古戍楼边塞，城外青山城下河"，娘子关关城宿将楼上的这副对联，无疑是对娘子关古镇交映生辉的自然景观与人文景观的最好描述。正是两者的完美结合，使娘子关古镇如一杯醇厚的美酒，在历史的长河中散发隽永馨香。

娘子关古镇位于太行山脉群山环抱之中，其特殊的地理位置造就了独特的自然风光。娘子关古镇属温带大陆性季风气候，四季分明，气候温和。境内绵山、紫金山、云台山等群山矗立，董寨沟、关沟、嘉峪沟等沟壑纵横，桃河、温河、绵河等河流蜿蜒。而娘子关的泉水更是远近闻名，也由于这些日夜喷涌不息的泉眼，使娘子关获得了"北国江南"的美誉。

娘子关在两千多年的历史中，作为交通要道与军事要塞，见证了诸多历史事件，迎接了无数文人骚客，留下了千万故事传说，沉淀了厚重的人文资源。城墙从战国赵长城延伸

1 （清）觉罗石麟修，（清）储大文纂．山西省史志研究院整理．山西通志．中华书局，2006年．第15页。

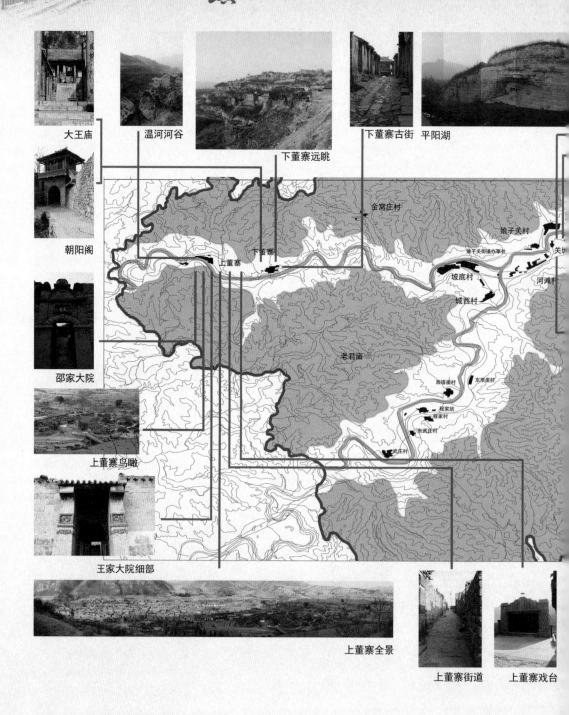

大王庙

温河河谷

下董寨古街　平阳湖

下董寨远眺

朝阳阁

邵家大院

上董寨鸟瞰

王家大院细部

上董寨全景

上董寨街道　上董寨戏台

金窝庄村

娘子关村

娘子关街道办事处

坡底村

城西村

下董寨

上董寨

河滩村

老君庙

西塔崖村　东塔崖村

程家站
程家村

东武庄村

武庄村

图1-4　娘子关遗产资源分布图

娘子关城街道

娘子关城南城楼

下董寨杨家大院

娘子关城东城楼

固关鸟瞰

固关瓮城

固关地理模型

到明清内长城，关防从汉朝"董卓垒"的修筑到明朝娘子关，硝烟从韩信击赵弥漫到百团大战，而那些各朝各代的书籍、碑刻、楹联、诗词，则百家争鸣，交相呼应，诉说着一段段娘子关尘封的往事。千年的文化熏陶也造就了娘子关人民独特的民俗风情，其中最具代表性的便是董寨村每年正月十六的跑马。当骑着身披红绸的骏马在古商道上奔驰之时，汉子们身体里流淌着的延续自戍边先祖的血液正沸腾不已。

当代著名学者郭沫若（1892～1978年）在七言八句诗《过娘子关》中赞曰：

娘子关头悬瀑布，飞腾入谷化潜龙。

茫茫大野银锄阵，叠叠崇山铁轨通。

回顾陡惊溶碧玉，倒流将见吸长虹。

坡地二十六万亩，跨过长江待望中。

诗中所述"坡地二十六万亩"的"茫茫大野"，指的即是昔日名震边疆的军事重镇娘子关。

关于娘子关的得名，当地流传有两种说法（图1-5）。一种说法是，其得名于娘子关附近的妒女祠。妒女祠，相传为纪念介子推之妹介山氏不畏封建禁忌、敢于易其风俗而立，当地人又称娘娘庙。清代顾祖禹所著《读史方舆纪要》载："苇泽关即唐承天军，俗名娘子关，以妒女祠得名。"[1]清代朱

1 顾祖禹（1631-1692年），字复初，一字景范（一作字瑞五，号景范），江苏无锡人，清代地理学家和学者。

彝尊撰写的《平定州李湮妒女祠颂跋》中也有与方舆纪要中相似的记载："神，介子推妹也……而斯关以娘子关称，殆因神而名立之。"[1]另一种说法则认为，娘子关得名源自唐平阳公主[2]。清乾隆四十九年（1784年）成书的《大清一统志》和光绪八年（1882年）《平定州志》以及《辞源》都作了类似记载。其中，《辞海》载："娘子关……建于唐初，旧因平阳公主曾率娘子军驻此，故名"。但据史料确切记载，平阳公主自起兵起，活动地点尽在陕西境内，故这种说法可信度较低。但人们仰慕平阳公主英名，当地流传着许多关于她的传说，居民更多地相信娘子关是因其而得名。明代王世贞曾作《娘子关偶成》[3]，诗曰："夫人城北走降氏，娘子军前高义旗。今日关头成独笑，可无巾帼赠男儿"，咏的即是此典故。

按介子推隱緜山在介休縣縣以介得名且又有
緜上聚鄭夾漈謂郡縣有時而移山川千古不易
今縣名山川符合若此而又何疑乃好事者以平
定之緜山當之又皮傳唐高宗不避妒女祠以妒
女爲介之推之妹穿鑿甚矣俗傳介子推焚死又
有火禁之說考周禮司烜氏季春出火季秋納火
蓋心爲天之大火故季春心昏見于辰而出火季
秋心昏見于戌而納火而卯爲心之明堂至此而
火大壯是以仲春禁烟戒其盛也今以冬至百五
日爲寒食熟食斷火謂之龍忌蓋本乎此而豈如
火禁之
說與

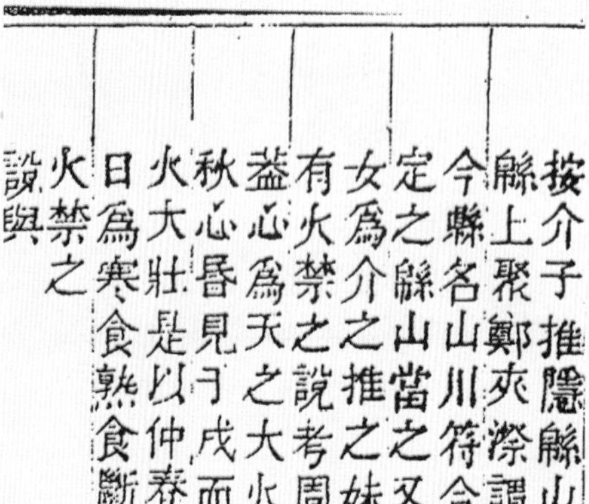

图1—5 《平定州志》中关于娘子关得名的记载

二、娘子关关防演变

娘子关镇历史悠久，根据解放初期在娘子关出土的化石及石器等文物考证，其历史可推至新石器时代[4]。经过不断的地壳运动与长年的河水冲蚀，此地形成了横穿太行山脉的峡谷。人们很久以前就发现了这一天然通道，在此修筑道路、设置关防。

娘子关位置显赫，地势险要，以自然为屏障，结合人工驻防，扼晋冀之咽喉，开三晋之门户，是各地区沟通的枢纽，素来为兵家必争之

1 朱彝尊（1629～1709年），清代诗人、词人、学者。字锡鬯，号竹垞，晚号小长芦钓鱼师，又号金风亭长。

2 平阳公主，唐高祖李渊的三女儿，隋末与丈夫柴绍居住在长安，李渊举兵反隋，她在鄠县（今陕西户县）散家财招募军队响应，发展到7万人，时称娘子军。唐朝建立后，于武德六年（623年）薨。

3 王世贞（1526～1590年），字元美，号凤洲，又号弇州山人，汉族，太仓（今江苏太仓）人，明代文学家、史学家。"后七子"领袖之一。

4 阳泉市地方志编纂委员会.阳泉市志.当代中国出版社，1998年。

地（图1-6）。自春秋时期的秦王伐赵，至抗日战争时期著名的娘子关防御战，娘子关见证了中国几千年的历史变迁，记载着中国各朝代的风云变幻。从战国赵长城起，经汉代董寨、隋代岩崖大道、唐代承天军城，直至明代的娘子关城，这片土地自古以来都在防御与战争中扮演着极其重要的角色。如今娘子关城门楼门额上仍留有当年"京畿藩屏"四个遒劲有力的大字，显示着娘子关在古代中国防御体系中的重要地位。娘子关的历史发展，是与这一体系密不可分的。

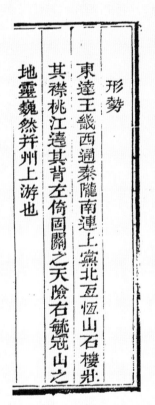
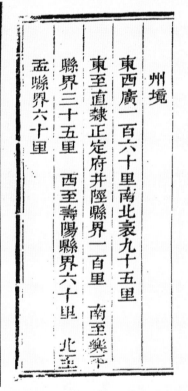

图1-6 《平定州志》中对于平定州州境和形势的记载

古时山西与冀中战事频仍，娘子关及其周边区域因占据交通要道，自春秋时代起，便成为了把守三晋门户的一道重要关口。时代变迁，防御对象随之变化，娘子关各处驻防关城的位置也相应调整，反映了古代乃至近代中原防御的重心偏移。

1. 汉代之前的关防

《左传》载："晋居深山，戎狄之与邻。"娘子关地处晋北边陲，晋文公曾派重兵把守此地。公元前498年，晋国卿大夫赵简子于娘子关西的今阳泉市区修筑"平坦城"，娘子关是其边防。战国三家分晋（公元前403年），娘子关归属赵国。赵成侯六年（公元前370年）沿娘子关一线修筑的赵长城，是我国最早的长城之一。秦一统六国，娘子关属太原郡。西汉至北魏，其均属上艾县[1]。

　　虽然驻防早已有之，但在汉代之前，娘子关均为借助自然地形设置关防，没有形成固定规模的军事防御建筑。从图1-7中春秋列国地图分析，这一时期的娘子关防御体系要防御的目标，主要是北部的戎狄。而位于东方的邻国卫，虽然是晋国名义上的"盟友"，但由于它是在晋国的威压之下被迫结盟，而卫国与郑国的暧昧关系，使得晋国在娘子关的防御工事不得不兼顾这位紧邻自己的兄弟国。所以，此时期的娘子关防御方向是面向北部和东部的。

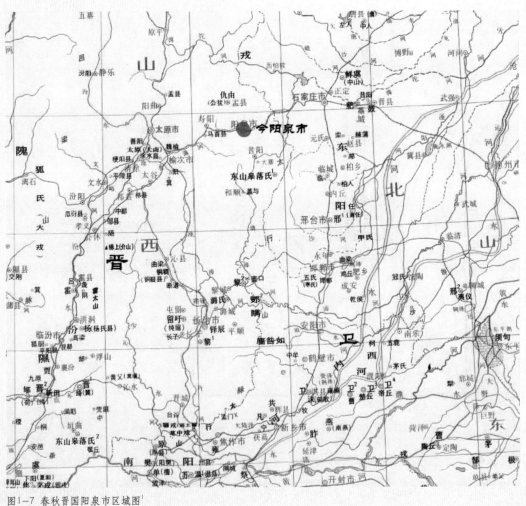

图1-7 春秋晋国阳泉市区域图[1]

---

1 引自：中国历史地图集—原始社会·夏·商·西周·春秋·战国时期.中国地图出版社，1996年。

2. 汉代关防

娘子关东南8公里的故关遗址，相传为韩信击赵之地，历史上著名的背水一战就发生在附近。汉高祖三年（公元前204年），汉王刘邦命大将军韩信携张耳击赵。《史记·淮阴侯列传》载："信与张耳以兵数万，欲东下井陉击赵。赵王、成安君陈馀闻汉且袭之也，聚兵井陉口，号称二十万。"《元和郡县志》亦有记载："井陉故关，在广阳县东八十里，即韩信、张耳击赵时所出道，今亦名土门。"

当时赵军屯兵于今河北获鹿西10公里处的井陉口，韩信率军自西向东出井陉关（今故关）击之。井陉口驿道狭窄，易守难攻，使得韩信军此行困难重重，也正由于此，才成就了历史上浓墨重彩的"背水一战"。[1]

东汉中平元年（184年），董卓领并州牧，巡查娘子关时，见今上董寨村北卧龙岗处山势险要，在此修筑防御工事，史称"董卓垒"。这是可考的历史记载中娘子关地区首次出现设施完整的关防体系。"董卓垒"现已不存，历史遗留下来的文献记载也不多。《平定州志》载："今郡东募九十里，称董卓垒，未详其故"。经历史学者考证，董卓垒位于今

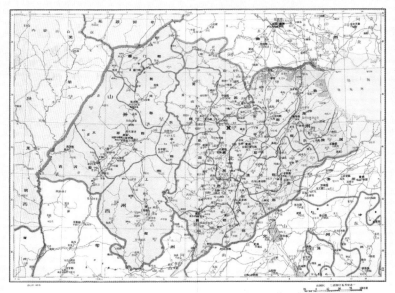

图1-8 三国并州、冀州地区地图[2]

---

1 此处"井陉口"的地理位置史书上颇有争议。一说来自清光绪版《平定州志》，其中《城地》一节于"故关"条下注云："在州东九十五里，即韩信下赵井陉口是也。"即指出井陉口为今故关。另一说出自乾隆年间泗州知州张佩芳《井陉口考》，书中认为井陉口即今河北获鹿土门关，而故关的位置，当为彼时的井陉关。其中张氏说法为今所普遍采用，故本书采用此说。
2 引自：中国历史地图集—三国·西晋时期.中国地图出版社，1996年。

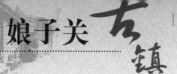
娘子关上董寨村北卧龙岗上，地处温河谷地，南连凤凰台，面临险滩，背依崇山，地势险要，垒前有蜿蜒曲折、水流湍急的温河环绕，形成了一道天然的"护城河"。堡垒以石头筑成，坚不可摧。《平定州志》载，当年此地"车不能行，马不能骑，一卒当道，万夫莫入"。

由于遗址已不可考，无法从中考察当时的设防方向。但由图1-8可见，此时娘子关属乐平郡，东与冀州接邻。时董卓于并州招集兵马，趁机谋朝。董卓垒为并州门户，承担着防御东南部沿温河而来的威胁的任务，防御方向应当为东。

3.隋唐关防

隋开皇十六年（596年），娘子关置苇泽县，雍正七年（1729年）《井陉县志》载："苇泽县在井陉西南三十里"，期间交替废置[1]，终至唐贞观元年(627年)废。

唐天宝十四年（755年），安史之乱爆发。安禄山在今北京市和河北省保定市附近的范阳起兵，向长安进发。唐天宝十五年（756年），时任河东节度使的李光弼奉命率军东出苇泽关（今娘子关）平定安史之乱。至德二年（757年），李光弼遣部将驻守故关，以防从东部进攻的叛军西进。

唐乾元元年（758年），政府在苇泽关置承天军。大历元年（766年），为防安史余部再次侵扰，河东节度使张奉璋奉命修筑防御营寨，唐代宗李豫赐名"承天军城"，寓"信承于天"之意。《文献通考·舆地考》载："承天军，本镇州(今正定)娘子关，建隆元年为军"[2]。据张奉璋墓志铭载，"公于是领所部之众，拒井陉之口，固我汾晋，直摇燕赵。"墓志铭中所言"井陉之口"，指的便是承天军城。承天军城是三晋中部东面门户所在，更曾是名震唐、宋、明数朝的要塞。该城位于娘子关城西2公里处的紫金山上，直面绵河峡谷，控扼桃、温两河谷地，与娘子关城隔绵河相望，互成犄角之势，是娘子关历史上建制最大、驻兵最多的古代军城，人称"天上堡垒"。承天军城今存有石城墙、东西城门、部分营房残墙（图1-9），城下山崖上仍留有裴度、韩愈、吴丹等将领和历代名人题名石刻。

这一时期的防御工事，是面向东北方，防御的是自东北范阳而来的叛军。关于当时设

---

1 隋大业三年(607年)废；大业十三年又置县。
2 《文献通考》，宋元时期学者马端临编撰，从上古到宋朝宁宗时期的典章制度通史。

防格局和规模，唐人胡伯成于大历元年（766年）所撰写的《承天军城记》石碑曾稍有提及："设以楼橹，实以军府"，"铁骑千匹，虎贲万计"。唐游击将军上柱国李湮在《承天军城记》中描写承天军城："缭崇墉于岩半，百雉云矗；冠小城于峰巅，万仞天削，实力军府，铁骑千匹，虎贲百计，旌旗宵红，甲曜日白。"

《旧唐书·本纪第二十上》载："天复元年（901年），四月癸丑朔，汴军大举攻太原……葛从周率赵、卫、中山之兵由土门入，陷承天军，与叔琮会。"[1]从史书可以看出，这一时期的娘子关防御体系同样是面向东方的。因为隋都大兴城、唐都长安城在娘子关西，而位于娘子关西170公里外的太原，又是

图1-9 承天军城部分防御设施遗址（武根成先生摄影）

唐朝开国皇帝、当年的太原留守李渊起兵之地，自然具有不同寻常的意义，极有必要在其东设置关防来固守这道入晋的门户。

唐长庆六年(821年)，镇州（今正定）发生兵变，裴度率军驻守于承天军城，久攻不克，行军司马韩愈这时奉命前去宣抚，留下了《奉使镇州行次承天行营奉酬裴司空》七言绝句：

> 窜逐三年海上归，
>
> 逢公复此著征衣。
>
> 旋吟佳句还鞭马，
>
> 恨不身先去鸟飞。

---

1 《旧唐书》为五代后晋时官修，是现存最早的系统记录唐代历史的一部史籍。原名《唐书》，因宋代欧阳修、宋祁等编写《新唐书》，故改称《旧唐书》。

唐朝此时已经逐步进入了全面衰退的时期。各方王侯的势力不断扩张，到9世纪末、10世纪初，已经形成了多方割据的局面，唐帝国名存实亡。《后唐书》中记载，到唐光化二年（899年），宣武节度使朱全忠遣葛从周攻破承天军城。两年后（唐天复元年）的901年，朱全忠遣氏叔琮等领军5万，大举进攻河东节度使李克用，入自太行。别将白奉国自井陉进入，同年四月，攻下承天军城。同年，朱全忠自封梁王，自此董寨及紫金山上的承天军城划入梁国的势力范围。

4.五代至宋代关防

五代乃至北宋，各国首都均南移至汴梁（今河南开封）或洛阳（后唐都城，今河南洛阳），而南宋首都更是远在临安（今浙江杭州）。由于距离政治中心距离较远，娘子关地区的军事地位在这一时期逐渐下降。宋太平兴国四年（979年），更是废承天军为寨。

5.明代关防

金代娘子关属太原支郡平定州，元代属冀宁路太原府平定州。明朝，娘子关属冀宁道太原府平定州，并设镇，取承天军名为承天镇，现城西村仍有"古镇承天"的石刻[1]。明成化版《山西通志》载："固关、娘子关地隶平定，汛隶正定府"。[2]

明太宗（成祖）永乐十九年（1421年），朱棣正式迁都北京。此后，为保护京都和维持边境秩序，明朝几代皇帝沿太行山在山西、河北一带加建了一段内长城，作为第二道防线。

正统二年（1437年），明军于井陉南界平定州故关地方修筑城垣，驻守官兵，隶于真定。这个历史久远的战略要地，再次派上了用场。不过这次故关的军事防御重点和方向，却发生了根本转变。

自春秋战国直至隋唐，故关作为三晋门户、京都边塞，防御的是华北平原东来的敌军。其关居高临下，易守难攻，地形优势十分明显。由于明朝首都已经迁到了位于娘子关东北的北京，这一时期关城的防御也随之发生了变化，一改历代朝东的防御方向，转而向西，防御

---

1 《娘子关志》编纂委员会.娘子关志.中华书局，2000年。
2 明成化版《山西通志》，为时山西提学金事胡温所纂修，在《四库全书总目提要》史
部地理类所收19省省志、存目12部省志中，纂修年代其为最早。

着不时从太行以西翻山而来的蒙古大军。

由于防御方向的转变，故关地理位置的缺陷日渐显露。明嘉靖年间，蒙古鞑靼部落数次侵扰山西，故关由于隘口平缓，易攻难守，多次陷落。明廷认为"虏寇太原密迩故关，危急京师，其关虽地当冲要，而旧城居险不足。"于是决定将故关旧城西迁10里，于"天然设险两峰开"的隘口处修筑新城，取"固若金汤"之意，改故关名为固关，承担起抵御西北来犯敌军的任务。

位于固关西北曾经驻扎有承天军的紫金山，其山势也不适合迎接西来的敌军。而顺绵河往东不远，横亘眼前巍峨雄伟、峭壁林立的绵山则犹如一座天然的屏障，正是设防的绝佳地点。因此，明嘉靖二十一年（1542年），在绵山山麓西侧筑起一座关城，这就是被称为"万里长城第九关"的"娘子关"。它和相隔不远的固关一起，成为了拱卫京师的坚固壁障。

自西方来的并不只是彪悍的蒙古骑兵，还有受够了奴役压迫的农民军。明崇祯十七年（1644年），农民军领袖李自成率起义军，自陕西一路向东进入山西，经太原，攻占此关。娘子关被拿下后，再往东便是一马平川，京师重地暴露在敌人面前，随后明朝灭亡。

6. 清代之后的关防

及至清代，娘子关仍然是保护京师的重要关隘之一。但是，形势在20世纪初发生了极大转变。光绪二十六年（1900年），八国联军攻占北京，次年（1901年）初，德法联军继续西进，进逼娘子关。敌人自东而来，而且是自帝都北京而来，这是娘子关建城之时万万没有预料到的情况。历史总爱弄人，当初对西防御占有绝对优势的地形，如今却成了驻防将士面临的最大挑战。娘子关城已无险可守，清兵只得在娘子关东雪花山、东北乏驴岭另设防线。

清宣统三年（1911年），武昌起义爆发，山西都督阎锡山积极响应，宣布起义。阎锡山派兵在娘子关前山岭设防，防御体系面向东方，一是防止清兵进犯，二是阻击关东军阀。

民国26年（1937年）9月，侵华日军意图从平型关侵入山西占领太原，八路军在平型关地区成功阻挡了日军攻势。10月，日军改沿正太铁路线向太原进犯，而娘子关是这条线路的必争之地。国民党军派遣数万兵力，在娘子关设防，阻敌西进。可是在日军进攻面前，国民党军队消极抵抗，节节败退，日军迅速攻下了雪花山。同时，娘子关南60里的石门关也被日军攻破，娘子关腹背受敌，国民党军弃关西逃。这条防线被打破后，日军从北、东两路西进，太原失陷。

1940年8月20日夜，作为百团大战的一部分[1]，八路军自西南进攻娘子关。21日黎明，被日军盘踞了三年的娘子关城被成功收复。

1947年4月，晋察冀人民解放军三纵队第七旅，沿正太铁路，向驻扎在娘子关的国民党守军进攻。部队分别从东南和西南两个方向发起攻击。4月25日，娘子关和平解放。这个历经几千年风霜的传奇关口，最后一次履行完了自己的任务，逐渐消失在人们的视线之外，退出了历史的舞台。

新中国成立后，娘子关地区曾设娘子关乡、娘子关区、娘子关公社，辖区亦常有变更。1985年，娘子关撤乡设镇，下辖22个村委会，镇政府设在磨河滩村。2000年原槐树铺乡的旧关、新关二村划归娘子关镇，形成了如今的格局。

三、娘子关之历史地位

作为万里长城雄关之一，娘子关是古代长城防御体系中不可或缺的一环。它坐落于万里长城内边的"内三关长城"南端，有"万里长城第九关"之称。同时它又是太行八陉之一"井陉"的重要节点，地处山西东部，与河北隔山相望，为古代出入山西的通道。

在古代中国这样一个以农耕文明为主导的内陆国家，山往往是决定国家命脉的一大关键因素。文明进步所需要突破的障碍，山是最关键也是最艰难的一个。山的存在决定了风水、气候和自然资源。更重要的是，山是交通体系和防御体系所要解决的最核心的问题所在。而在中国土地上诸多山脉之中，太行山脉和秦岭无疑是核心中的核心。两山周边，散布着北京、西安、洛阳、开封、邺城等多朝古都，是中国政治和经济的心脏地带。两大山系在中原地带遥相呼应，其间的函谷隘道，便像连接心脏的命脉，是中华之咽喉所在。

对于身强体壮、意志坚定的行者来说，高山或许不算什么阻碍，容得下身便走得出路。但车马却无法翻山越岭，须有山口谷道才行。而若想攻城略地，或者贸易交流，单凭人力难以完成，无辎重车马不可。于是在不断的摸索中，古人发现了一条条可以通车的山间道路，用以沟通山的两侧。而"太行八陉"，便是这其中较早被人们掌握的要道。

"陉"，《尔雅·释山》注："连山中断绝。" 晋郭缘生《述征记》载，"太行山首

---

1 百团大战，抗日战争时期，八路军与日军在中国华北地区发生的一次规模最大、持续时间最长的战役。八路军参战部队达105个团，故称为"百团大战"。

始于河内，北至幽州，凡有八陉，是山凡中断皆曰陉。"[1]自此，"太行八陉"的说法便流传下来。此八陉由南至北分别为轵关陉、太行陉、白陉、滏口陉、井陉、蒲阴陉、飞狐陉和军都陉。有了山口，便打开了去往山脉另一边的门户，自然也便有了道路。后世所指"八陉"，已不单单指的是山中缺口，还包括了行经此口的道路。有了道路，便有了人的来往，有了贸易的交换，有了文化的交流，同时也有了战争的烽烟。于是便在山口设立了关隘，驻城的人在此生活繁衍，由此产生了聚落。

井陉在太行八陉中得名较早。北宋《太平寰宇记》载："四方高，中央下，如井之深，如灶之陉，故谓之井陉"[2]。同时，它又是古代著名的要塞之一。《吕氏春秋》载"天下九塞"："何谓九塞？大汾、冥厄、荆阮、方城、崤、井陉、令疵、句注、居庸。"[3]

从古人的记载中可见，井陉在中国地理中扮演着"陉"与"塞"的双重角色。"陉"指通道，"塞"指关防。商人们把它看作通往富庶的必经之路，军事家们则把它看作保卫山河的坚固屏障。这条通道，贯通了黄土高原与华北平原，在古代是连接正定和太原的交通要道，在今日则是石家庄到太原的必经之路。这里是秦始皇嬴政驾崩灵柩回晋的古道，是隋代岩崖大道的重要枢纽，也是汉代名将韩信背水一战的战场，自古以来便有着极其重要的经济意义与军事意义。井陉作为维系着华北安全的战略重地，自先秦直到近代，一直受到重视。

娘子关就坐落于井陉的西段，古称井陉西口。它与坐落于井陉东部被称为井陉东口的土门关，共同构成完整的井陉关防体系。既然是井陉不可或缺的重要组成部分之一，娘子关自然就像井陉一样在中国古代历史上有着双重意义，既作为"陉"是贸易交往的重要通道，又作为"塞"成为边防御敌的雄关要塞。

（一）作为"陉"的娘子关

井陉之道虽可通车，但不过是些简易道路，崎岖狭窄，不易通行。《史记·淮阴侯列传》载："今井陉之道，车不得方轨。""方轨"即车辆并行之意，通行能力有限，自然便阻碍了贸易的大规模交流。汉末董卓在娘子关建"董卓垒"，将其通往燕赵之路有所拓宽，但仍无较大改善，"车不能行，马不能并"，严重制约了当时的经济贸易发展。

隋大业三年（607年），隋炀帝为贯通晋冀，沿太行山开凿岩崖大道（图1-10），西始

---

1 郭缘生，南朝刘宋时代人，《述征记》是纪实山阳嵇康园宅遗址发展竹林的最早文献资料。

2 《太平寰宇记》，宋太宗赵炅时编地理总志，乐史撰，二百卷。

3 《吕氏春秋》，战国末年（公元前239年前后）秦国丞相吕不韦组织编撰的杂家（儒、法、道等等）著作。

第
一
章

概
论

15

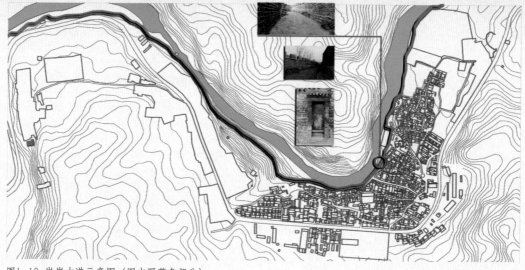

图1-10 岩崖古道示意图（图中深蓝色部分）

于巨城镇会里村，经上下董寨、坡底、河北村蜿蜒曲行东进河北，全长约10公里。娘子关作为此道上的重要节点之一，对秦晋与燕赵间的贸易交往贡献极大。作为晋冀交往的中间站，娘子关为途经的商人和牲畜提供歇脚和住宿的地方，借此发展起骡马店、客栈、餐馆等商业设施，带动了娘子关经济的逐渐繁荣。这条古道，历经千年风云变幻，至今仍在使用。现在古道保存较为完整的有两处，一处在娘子关村西北沿绵河南侧河边，是村内南北连通的干道之一。另一处在上董寨村南侧沿温河北岸，是现在村落里的主干道，路旁的商铺遗址仍有保留，村东口还有作为古道重要节点的接龙桥遗址。

　　虽然各朝各代都十分重视对这条古道的维护，但由于地形复杂、道路崎岖，加上周边河谷纵横，娘子关古道仍是一条通行不畅的道路。地形的限制，使其越发无法满足交通发展的要求，人们开始发展与其并行的故关一线。

　　据《史记》记载，故关驿道曾是秦始皇尸归咸阳的通道[1]，可以看出它的交通用途古已有之。故关古道地势较为平坦，改造方便，再加上自北魏起，历朝加大对其修缮拓宽，使其与娘子关古道一同成为连通太行东西的主要道路。尤其元代定都北京，故关古道成为公文往来、官员通行的"官道"。明清时期更是在道路沿线设置了完善的驿站系统，将其作为"通

---

1 《史记·秦始皇本纪》载："行，遂从井陉抵九原。"

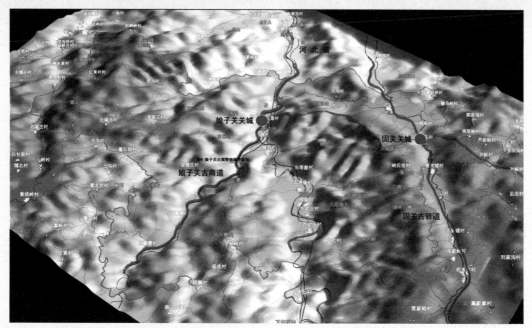

图1-11 固关驿道和娘子关商道[1]

京大道"。而娘子关处的古道由于资源的丰富和经济的繁荣，逐渐演变成为商贸主要经行的道路，娘子关城内道光年间的《修路碑记》记载："且道途达燕赵往来之通衢，关路通山、陕西北之孔道，夫娘子关者"。自此娘子关境内便并行着官商两条通道，两条古道东在井陉汇合，西在赛鱼汇合，合并为一路（图1-11）。

光绪二十二年(1896年)，山西巡抚胡聘之提议筹办正太铁路，光绪三十三年（1907年），石家庄经娘子关到太原的窄轨铁路全线建成通车，并在娘子关设火车站。至今娘子关镇娘子关老火车站仍在使用，娘子关历经几千年，依然发挥着它"陉"的作用。

（二）作为"塞"的娘子关

娘子关背倚太行支脉绵山，下凭桃河、温河、绵河三条水道，既有高山天堑作为自然屏障，又有河流谷地作为对外交通渠道，因势就利，自然成了至关重要的军事战略要地。自古以来，各朝统治者都争相在娘子关处建立长城，使其与固关长城遥相呼应，组成一个防御整

---

1 引自：娘子关历史文化名镇保护规划。

体。娘子关上连平型关、龙泉关，下接九龙、马岭，形成了沿太行山南北贯穿数百里的坚固壁垒。

早在战国时期，中山国即在娘子关修筑长城。《史记》载："赵成侯六年筑长城"，此即中山长城。罗哲文先生曾在著作《长城》中考证，"根据《汉书·地理志》、《括地志》和《读史方舆纪要》等记载，中山长城的位置在今河北、山西交界的地区，纵贯恒山，从太行山南下，经龙泉、倒马、井陉、娘子关、固关以至于邢台黄泽关以南的明水岭大岭口，全长约五百多里。"[1]

北齐时期，文宣帝又于此处修建长城。《平定州志》载"北齐文宣帝天保六年（555年）发民夫一百八十万建长城，今娘子关、固关山下有长垣"。

上述长城年久失修，毁坏严重。明代正统至万历年间，为抵御蒙古部族南侵，重修长城。嘉靖二十一年（1542年），在加固修缮外长城的同时，从山西境内宣化、大同以南太行山沿线修筑内长城，山高水深地势险要处均凭险为塞，不筑城垣，地势平缓处和隘口处则设置关城。据《娘子关志》记载，内长城在娘子关内有三重布局："第一重位于娘子关与旧关之西，分为两段。一段为捕东掌村—三岔村—上董寨村，长约六公里，已坍塌。另一段新关两翼，长约八公里，墙体大多尚存。第二重在娘子关—旧关一线，利用险峻、峭拔的山峰为屏障，在两条通道上分别设置了娘子关和故关关城，故关关城现已不存。第三重位于河北省井陉县的南峪及核桃园两翼，长约十公里。娘子关西南随山势而修的固关长城，石砌垛口，两座山峰上修筑有敌楼，是明长城保存最好的一段。"[2]

民国10年（1921年），时任山西督军阎锡山视察娘子关兵防，在娘子关前的关沟山梁上修筑防御工事，雇佣民工修筑长达数里的石墙，当地人称为"阵地梁"。

1937年10月，日军占领娘子关。1942年~1943年，日军强征当地居民修筑封锁墙。封锁墙东起河北省井陉县贵泉村，西至盂县牛村，长50多公里，高5米有余，宽1.5米，是娘子关历史上的最后一道关卡。

---

1 据罗哲文先生的考证，娘子关至固关段长城是我国长城体系中现存最早的段落之一，见其专著《长城》（2000年）。
2 《娘子关志》编纂委员会.娘子关志.中华书局，2000年。

娘子关村

NIANGZIGUANCUN

一、概述

娘子关村位于娘子关镇域东部（图2-1），东南依绵山山麓，西北临绵河河谷，异于
"南面水北靠山"的选址模式（图2-2、图2-3）。这里地势较为平坦，落差不大，便于营建
房屋。村内居民以杨[1]、李[2]、梁[3]等姓氏为主。由于有丰富的水资源，可以借助兴建水磨，以

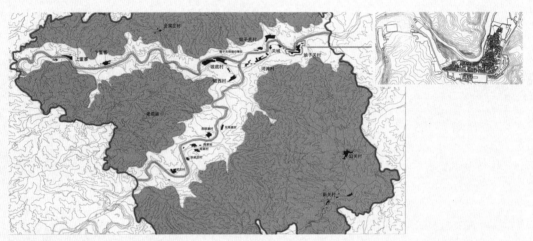

图2-1 娘子关及关城在娘子关镇中区位

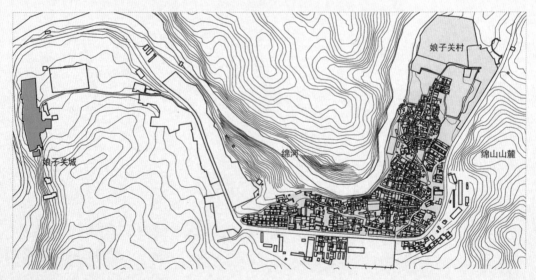

图2-2 娘子关村与周边环境的关系

图2-3 绵河北岸险峻的地势

图2-4 民国时期的账册

图2-5 娘子关村丰富的水资源

图2-6 水流推动石磨转动

水磨加工粮食、油料，这促进了加工粮油等商贸交易活动的发展（图2-4~图2-6）。

娘子关村选址受到军事防御和边塞贸易因素的双重影响。自明成祖朱棣正式迁都北京后，娘子关防御的方向发生了变化，由原来的坐西面东保卫中原而转为坐东面西拱卫京师。娘子关关防以绵河为天险，而这里的绵河北岸以东地区，地势平坦开阔，正好可以驻扎军队，所以受其影响，娘子关村在这一时期得到了较快发展。

---

1 娘子关村《杨氏族谱》记述，其先祖杨学、杨保为明代嘉靖年间驻守娘子关的将领，原籍河北正定，定居于娘子关，其后裔繁衍生息，成为娘子关村名门望族，清代有杨玺、杨附凤、杨集义祖孙三代弘扬祖业，因武而仕，为娘子关名门。至今杨氏家族已至第十八代。
2 据残存族谱推断，李氏家族的历史可上溯至明代。清末有李素以文致仕考中举人，为辛亥革命先驱。
3 梁氏家族历史久远，相传为承天寨梁姓头领后裔。据现存《梁氏族谱》记载，至今已传21代。

军事的驻扎带动了经济发展。娘子关作为控扼晋冀的咽喉，自然也成为关内外商贸交流的重要枢纽。过往商人云集于此，为娘子关村带来了丰厚的经济收入，也促进了集市的形成。娘子关村中的商业街兴隆街，成型于明嘉靖之后的隆庆年间，可以看出娘子关城对娘子关村经济的促进作用。娘子关村为关城提供生活补给，娘子关城则为娘子关村提供军事保护，两者在职能上形成互补。

娘子关村顺延绵河谷，呈L形向西和东北方向延伸（图2-7）。村内地势东南高，西北低，但落差不大。村北地势平坦，农田多集中于此。村内主要干道以东南村口空间为起点，向西北方向呈扇面放射。南端的主街兴隆古街是村内重要的商贸街道，成型于明代，伴随着明清关防体系和边塞贸易的发展而逐渐繁荣，成为远近闻名的贸易集市和中转驿站。村落北端的临泉街则顺应地势，沿水道延伸，走向曲折，街旁大树林立，泉水潺潺，与兴隆街街景大异其趣。

兴隆街与临泉街组成了村落西侧和北侧的骨架。村子西南侧沿河道，呈西南—东北走向的道路则将两街联系起来，此路曾是岩崖古道的一部分。在兴隆街与临泉街间有二巷、三巷

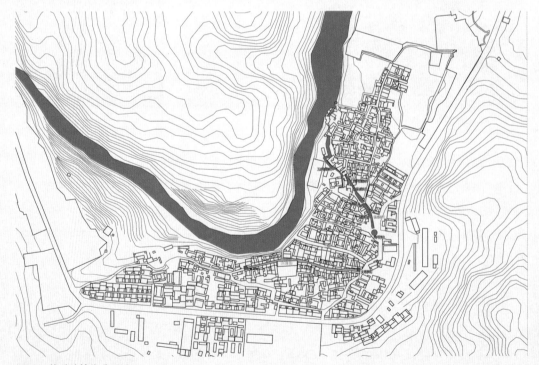

图2-7 娘子关村总平面图

自村口直达河边，作为主干道的辅助道路（图2-8）。村内水道位于村落东北部，以梅花池泉眼为源头，沿临泉街逐级跌落而下，向北流经各家各户，最终汇入绵河。

二、街巷

1. 综述

娘子关一带曾是连接河朔的商业枢纽，店铺林立，街巷发展完善。由于地形多变，山脉河流出入其间，各村布局多平行于山体等高线，其街巷的形态也很大程度上取决于山势的起伏变化。主街多与等高线平行，因而多呈弯曲的带状布局，曲率与等高线大体一致。道路宽度与周边建筑高度比主要介于0.3~1.2之间，主要街道则介于0.6~1之间（图2-9）。

街巷的衔接避免了直角路口空间。道路交叉口一般通过院落之间的错列布置、倾斜排布等产生变化（图2-10、图2-11）。对于步行行为主的交通方式的街巷，这种处理方式既丰富了街巷的变化，又使行人获得了较好的导向性。街道的形成一方面是自发的，另一方面也离不开人为的规划。与主街相连的各条巷道通常与等高线近于垂直，高程变化明显，多与排水沟结合（图2-12）。此外，人们对屋顶雨水以及庭院的积水都进行了疏导。

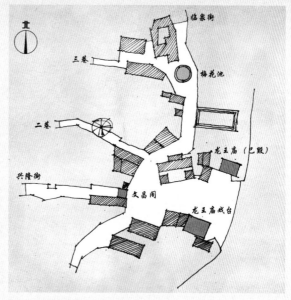

图2-8 娘子关村中心区道路示意图

街巷名称	路宽D（m）	剖面示意	街道宽高比D/H
娘子关村兴隆街	3~5		0.6~1
上董寨前街	4~5		0.8~1
下董寨古街	3.5~4.5		0.7~0.9

图2-9 娘子关古镇主要街道宽高比统计

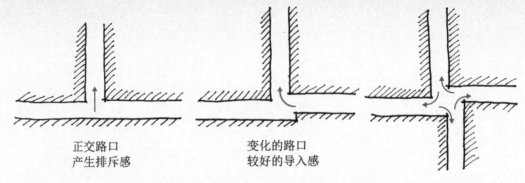

正交路口
产生排斥感

变化的路口
较好的导入感

图2-10 路口形式与人的感受的研究

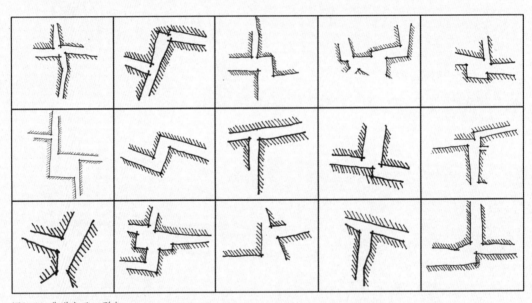

图2-11 街道交叉口形态

图2-13 岩崖古道(蓝色)以及沿途重要村落及关卡

街道找坡

屋顶雨水口

路面排水口

图2-12 街道排水组织

2. 岩崖古道

隋朝开皇十六年（596年），为打通晋冀要塞，朝廷沿太行山峡谷开凿了一条大道，即今天所称的岩崖古道。这条古道贯穿娘子关全境，东起娘子关村与河北地都村相接，西终上董寨村与巨城镇会里村相接，全长10余公里。岩崖古道构成了一条自西向东连接董寨至娘子关村、娘子关关城的走廊（图2-13）。由于历代朝廷均重视此道，以致其成为连通太原与河北井陉、北上京师的重要通道。

岩崖古道经过娘子关村的部分保存完好。此段古道宽3.5～4米，西侧靠崖，崖下为平阳湖，另一侧建有民居（图2-14）。为抵御西北方向的寒风，民居以山墙面向街道，因此形成了古道相对封闭的界面。只有在道路交叉口处才打破这个界面。交叉口通常以拱门和骑楼划分界限（图2-15）。

图2-14 岩崖古道经娘子关村部分平面图

3. 兴隆街

兴隆街在明清时期达到鼎盛，云集数百家店铺，成为娘子关的经济中心。街道上留下的道道车辙印，无声地诉说着兴隆街曾经的繁华。现今，店铺大部分还保持着原貌，依稀

图2-15　与岩崖古道相连的街道

图2-16 娘子关村兴隆街平面图

可见昔日的繁华。兴隆街为东西向，东起文昌阁，西止朝阳阁，长约300米，宽3～5米，全为大块青石铺就，历经踩踏磨砺，路面越发厚重光滑（图2-16、图2-17）。两侧的院墙均为南北向，大门多开向街道，街内店铺共计67处（图2-18、图2-19）。

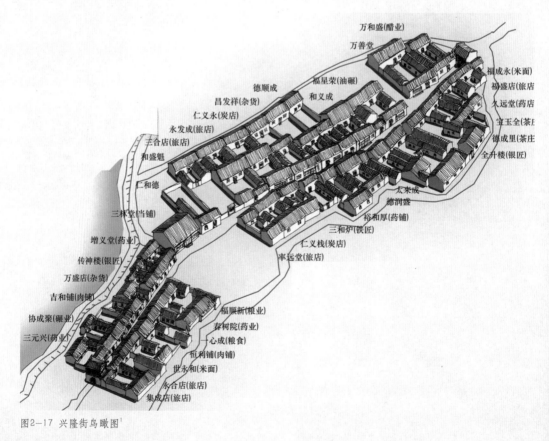

图2-17 兴隆街鸟瞰图[1]

1 引自华中科技大学《娘子关历史文化名镇保护规划》

图2-18 娘子关村兴隆街南立面

图2-19 娘子关村兴隆街北立面

　　沿街建筑层数较低，以一层房屋为主。由于建筑的形状、方位各异，因而街道界面曲折多变，时宽时窄，再加上院落间有明显的凸出和退后关系，使得临街立面变化丰富，砖石墙和瓦檐，光影多姿；高围墙、小拱窗和瓦檐门，形式多样（图2-20～图2-22）。另外，很多店铺采用铺板门和大方窗，凸显商业特色。

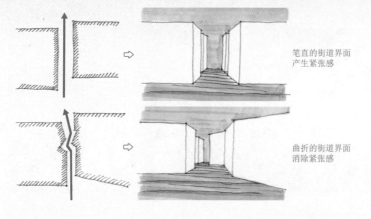

笔直的街道界面
产生紧张感

曲折的街道界面
消除紧张感

图2-20 街道空间分析

图2-21 娘子关村兴隆街西段透视

图2-22 兴隆街街景

三、居住建筑

娘子关一带山地较多，早期居住建筑以靠崖窑洞为主，依山傍坡，挖掘窑洞。后以平房、锢窑为主，有料石砌筑和石基砖墙两种。靠崖窑通常在适宜的坡地条件下出现，同时从山顶到山底形成高低错落的建筑群。地面平坦处，村民常常选择锢窑或者瓦房、平房（表2-1）。

娘子关一带居住建筑形式分析 表2-1

名称	平面布局空间特征	外观造型	结构、色彩、材料	空间组合	精神中心
靠崖窑	从天然山坡上凿出，常常数穴相通，窑外有围场院	拱券形式，常带有檐墙	生土拱券，有的以砖石加固保护，土黄色调	沿等高线横向展开，垂直等高线多层聚合	
锢窑	拱券式房屋，组合院落	拱券形式，常带有檐墙	生土拱券，有的以砖石加固保护，土黄色调	灵活组合	单体正房带有土地祠
平房	矩形平面，通常有"一明两暗"的形式，常结合围墙形成院落	平屋顶、缓坡屋顶	夯土、砖石墙，木梁、土黄色调	灵活组合	

户主对院落大门的处理十分考究。旧时男女婚嫁都讲究"门当户对"。华美的门楼是宅主的社会地位和经济实力的象征，所谓"豪门深宅、简门陋院"（图2-23）。

其中，娘子关村的居住建筑以"水上人家"最具代表性。水上人家位于娘子关村东北部，泛指临水的下道街区域的居住建筑，有数百家住户（图2-24）。因每户的门口或院内都留有水道，形成一条极具特色的街道，呈现出北方地区鲜见的水乡特色。苇泽关泉顺应地势，由南向北沿街向下流淌，始于梅花池，终于平阳湖，终年不断。水流水渠最宽处2米，最窄处约0.4米，终年水源充沛，且水温宜人，冬暖夏凉（图2-25）。街道沿泉水流淌，路径曲折，顺应地势起伏，形成了屋水相伴、石板穿巷的景色。水渠与建筑联系紧

图2-23 娘子关一带门楼形式

密，家家户户都与水道相通，形成了水绕庭院的建筑风格。水渠多紧靠建筑外墙，上面多架石板，由此形成院落的入口。水渠、石板、建筑千姿百态，共同形成了变化多姿的生活空间。路面的铺砌材料采用本地的糠瓢石，缝隙坑洼很多，具有良好的防滑效果。水渠上多处横搭石板，供人取水、洗衣。此外，水渠兼具街道排水的功能，与地面、屋檐排水口一同构成完整的排水系统（图2-26、图2-27）。

水上人家有三大特色，即水磨、民居、田园。

人们斫木为轮，凿石为磨，因势利导，聚引水流，用水磨碾磨粮食和香料。村上几家大磨坊位于溪流末端，水流通过水磨后就进入平阳湖内。磨坊通常由石头砌成，水流环绕。房子下面有几个半圆形的小洞，周围的水面上搭着石板。圆形木轮平置洞下，轮轴直通屋内轴的上端，平擎石磨两扇，一上一下，清澈的溪水从洞中穿流而过，经过木槽直射轮的边缘，轮被水冲击，轮因轴转，磨因轮转。

民居多为瓦房或平房，因地制宜，不求对称，错落有致，小巧玲珑，各有千秋。院墙的建筑材料，也是就地取材，由糠瓢石砌筑，经济实用，古朴大方。虽说墙体都是石头垒砌，但其宽窄、大小、高低含蓄地反映出各家的财力。此外，在小农经济的影响下，许多民居还兼作作坊（图2-28）。

各家的宅院内多种有石榴、常青藤等植物。如葡萄院中近百年的葡萄树，树冠直径可达9米，几乎盖满了整个院落。春夏之际，头顶绿蔓缠绕，架下小桥流水，光影婆娑，十分惬意。集中的大片菜园在水上人家的东部，由于位于泉流下游，所以灌溉方便。

图2-24 娘子关村水上人家建筑群区位图

图2-25 离梅花池最近的水渠

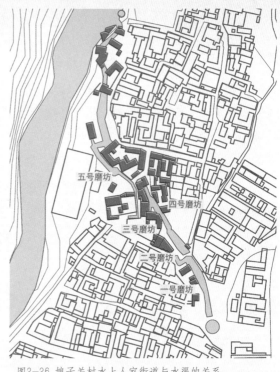

图2-26 娘子关村水上人家街道与水渠的关系

五号磨坊

四号磨坊

三号磨坊

二号磨坊

一号磨坊

图2-27 娘子关村水上人家街道与水渠关系统计

图2-28 娘子关村五号磨坊

四、商业建筑

娘子关一带的商业建筑大多为前店后院，店面面阔多为五至七间，采用直棂窗和铺板门（图2-29～图2-31）。铺板门由一系列门板组成，每块门板宽约40厘米，长约2米，刚好与门高相同。打烊时，店家把门板一块块排好，留出最后一块板，作为平开门，以供店家和店员出入。每块板都是实木制成，重量不轻，开店和关店时搬动门板是一件费时费力的工作。在过去学徒制的封建社会，早晚装卸门板是学徒入门的第一课。

商铺多巧妙利用披檐，增加使用空间，常见的处理方式有两种。一种是外墙及其门窗不作任何改变，而利用柱子和披檐相结合为顾客遮风挡雨。白天营业时，在披檐下还可以摆放更多的货物，用以展示，这样一来，看似作用不大的披檐，虽没有增加商铺内面积，却间接增大了销售空间；另一种是将主立面墙体拆除，并在披檐外柱间安装木门，白天营业时将木门拆下，

图2-29 娘子关一带商业建筑墙面形式

图2-31 娘子关村兴隆街店面的铺板门

图2-30 直棂窗

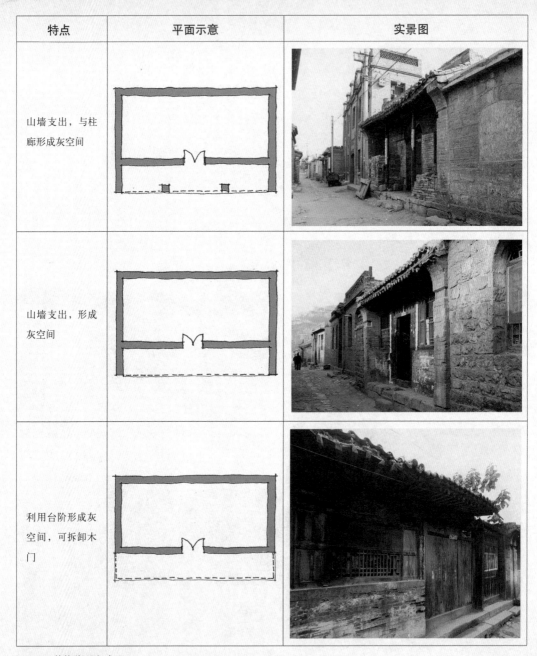

特点	平面示意	实景图
山墙支出，与柱廊形成灰空间		
山墙支出，形成灰空间		
利用台阶形成灰空间，可拆卸木门		

图2-32 披檐处理方式

开放空间，晚上打烊后将木门安装好，拓展出来的披檐空间则可用来储存货物（图2-32）。

此外，一些商铺采用高台基的做法（图2-33）。所谓高台基，是指沿街布置的店面房屋地基较高，高出街道3～5级台阶，防止下雨时水流汇集将店面货物淹没，同时也在无形中增加了商铺的气势。台阶做法也有多种，有的采用普通台阶，有的采用如意踏跺；有的将台阶裸露于外，有的将台阶藏于大门内。

娘子关村现存商业建筑以兴隆街51号最为典型，位于兴隆街北侧中段，曾是一家名为"三合店"的老字号旅店（图2-34）。院落占地面积881.37平方米，建筑面积615.99平方米。整个院落属于"前店后院"式布局，二进院，坐北朝南，进深长而面宽窄（图2-35）。院落门洞高窄，其北为一细长通道，是倒座的内部空间。人们需经过狭长的入口通道进入到一进院。第一进院属典型的四合院，由东西厢房、过厅及倒座围合而成，是直接对外的场所，其中倒座即为"前店"。再通过一狭长通道后，进入到第二进院。第二进院主要为主人居住之处（图2-36～图2-47）。

图2-33 高台基的商业建筑

图2-34 兴隆街51号区位图

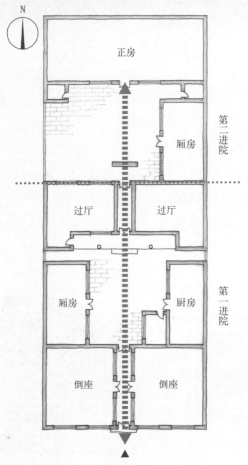

正房

第二进院

厢房

过厅　过厅

第一进院

厢房　厨房

倒座　倒座

图2-35　兴隆街51号平面图

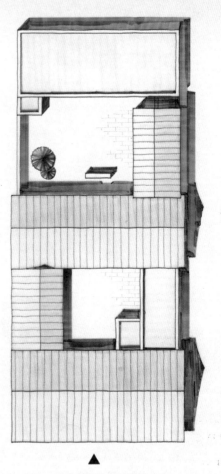

图2-36　兴隆街51号屋顶平面图

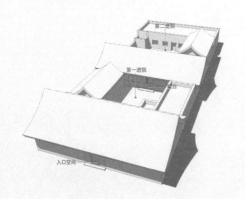

第二进院

第一进院

入口空间

图2-37　兴隆街51号体块模型示意图

图2-38　兴隆街51号一进院鸟瞰图

图2-39 兴隆街51号二进院鸟瞰图

图2-40 兴隆街51号临街立面的入口

图2-41 兴隆街51号临街立面的铺板门

图2-42 兴隆街51号一进院倒座立面

图2-43　兴隆街51号入口通道

图2-44　兴隆街51号一进院正房立面

图2-45　兴隆街51号二进院正房立面

图2-46　兴隆街51号的临街视野

图2-47　兴隆街51号一进院院落空间

五、阁楼

　　娘子关一带各村村口多修建阁楼，以此界定村落边界。这些阁楼大多下方为石拱门洞，上方为坡屋顶的庙宇。门洞平时用于车马通行，战时关闭大门，阻止敌人进入。上方的庙平时供人们烧香拜佛，战时供人们登高战守。

图2-48　娘子关兴隆街文昌阁与朝阳阁区位图

1.兴隆街文昌阁

文昌阁位于娘子关村兴隆街最东端，具有强烈的标志性和导向性（图2-48），其门洞呈拱形，其上方有一石匾，上书"文昌阁"（图2-49）。通过南侧石梯，可登上方的庙宇。该庙为硬山顶，两面带有檐廊，其斗栱、椽子、门窗等均上油彩(图2-50)。

2.兴隆街朝阳阁

朝阳阁作为兴隆街的终点，位于娘子关村兴隆街最西端，其门洞呈拱形，其上方有一石匾，依稀可见上书的"朝阳阁"三字。南侧有石梯通向门楼上方的庙。此庙为歇山顶，两面带檐廊（图2-51）。

图2-49 娘子关兴隆街文昌阁正立面

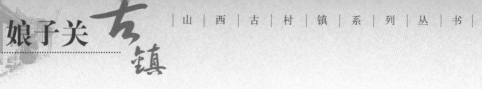

图2-50 娘子关兴隆街文昌阁屋脊装饰

图2-51 远观娘子关兴隆街朝阳阁

娘子关关城

NIANGZIGUANGUANCHENG

一、概述

　　娘子关关城是明廷迁都北京后修筑的关防设施，主要用于防御自西而来的敌军。关城位于娘子关村村西，依托绵山山麓而筑，西、北两侧有绵河水流湍急，南侧承接海拔890米直入云霄的绵山，地理位置优越，易守难攻，选址合理（图3-1）。关城居高临下，俯瞰西南，自西而来的敌军想要东入关内，必从此过（图3-2）。而关城以东，地势平坦开阔，能够容纳大批军队集结和驻扎，便于快捷有效地阻击敌军。宿将楼下的城门洞上刻的四个大字"京畿藩屏"，娘子关当之无愧（图3-3）。

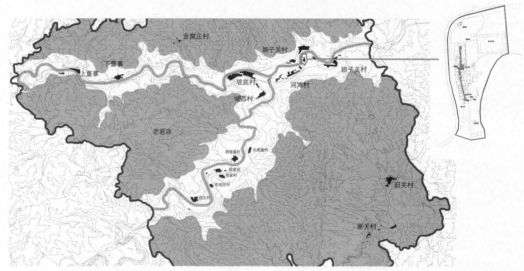

图3-1 关城在娘子关镇中区位

图3-2 关城与周边的关系

图3-3 娘子关宿将楼

图3-4 20世纪上半叶的娘子关

现存的娘子关关城，创建于明嘉靖年间（1522～1566年）。民国《河北通志稿》载："嘉靖三年（1524年）保定巡抚刘麟言娘子关深入山西，椎剽之徒盘踞为奸，宜设专官聚兵守之。二十年，巡抚刘隅言拓修娘子关营房，改守备守之，有堡城，南北二门。"[1]《西关志》记载，明嘉靖二十一年（1542年），"娘子关增置城守，设百户一员，次年，筑城为固。"这一时期与关城一起建成的还有绵山敌楼，惟因历经战火，现仅余废址。关城通过长城与固关遥相呼应，使得娘子关一带在抵抗侵袭时有了更为有力的后盾。明崇祯六年（1633年），李自成率农民起义军进至娘子关镇区附近，并在娘子关西南柏井驻军整顿。而在次年（1634年），娘子关加修为三等砖城，此举显然为抵御李自成军队。进入清朝，娘子关的战略地位稍有下降，但其在物资运输和商业上的地位则明显上升，逐步成为朝廷辎重通行的重要关卡（图3-4）。

二、关城格局

娘子关关城占地面积12000平方米，城墙周长600余米。关城平面呈南北狭长的不规则长方形，主体由南城门、东城门、南城墙、东城墙、北城墙、关帝庙和文昌阁组成。其中南城楼在1986年进行了重修[2]，民居建筑虽然风貌变动较大，但依旧保留了其原始的格局（图3-5、图3-6）。

作为外口的南城门是面敌的主要关门。《西关志》称"外口紧要"[3]。南城门侧立于半山腰的巨石之上，东依崇山，西邻深谷，仅有南侧极为陡斜的一段石砌长坡由山脚通往城门（图3-7）。斜坡上现存马蹄印与车辙印深陷，长坡尽头是雄伟高大的石砌城台。台上

---

1 民国《河北通志稿》是1931年9月至1937年7月间，由河北省通志馆组织编撰的一部省志。
2 娘子关志编纂委员会.娘子关志.中华书局，2000年。
3 《西关志》共三十二卷，由明代嘉靖年间王世翘编纂并刊刻问世，是流传至今我国最早的记述长城重要关塞的地方志书之一。

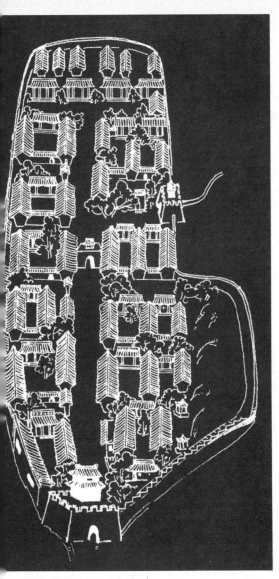

图3-5 娘子关关城鸟瞰图[1]

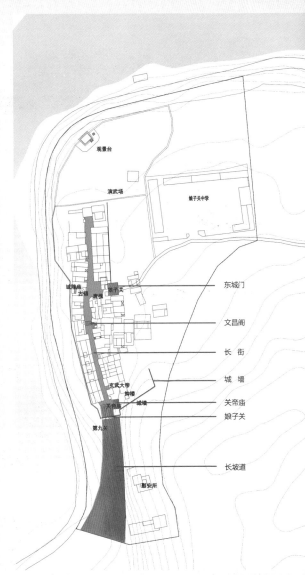

观景台

演武场

娘子关中学

东城门

城隍庙
古镇　娘子关
唐槐
文昌阁

长　街

城　墙

玄武大帝
戏楼
城墙
关帝庙
关帝庙
娘子关
第九关

长坡道

靖安所

图3-6 娘子关现状总平面图

1　娘子关志编纂委员会.娘子关志.中华书局，2000年。

图3-7　娘子关南城门

由正面的照片可以明显看出宿将楼的变化。

娘子关内的庙宇和城墙局部经历了修缮。

娘子关宿将楼在1986年经历了重修。修缮后的娘子关宿将楼改为重檐歇山顶。

石阶、踏步、城楼以及大部分城墙均保留了原貌，夕阳西下，更显恢宏气势。

图3-8　娘子关宿将楼古今对比

所筑城楼名"宿将楼"，面阔三间，进深两间，平面呈长方形，原为砖木结构的硬山顶建筑，重修时改为重檐歇山顶，上有"天下第九关"的牌匾（图3-8）。整座城门傲然矗立，虎踞龙盘，像一位久经沙场的大将立于山巅，震撼人心。

宿将楼北侧是供奉武圣关羽的关帝庙。庙宇规模虽小但布局完整，北侧的主殿和南侧的戏台相对而立，两侧为配殿，院落东侧依山势建有一座小钟楼。

南城门内不设瓮城[1]，穿过幽深昏暗的石拱券城门洞，豁然出现在眼前的即是关城主街。街道长约300米，宽3～5米，由石板铺砌而成。这是一条典型的兵营街道，街道两侧原是当年守军居住的院落。随着清代"内边疆"的消失，关城的防御功能趋于丧失，防御设施大量削减，但是仍有驻兵。到了民国后期，娘子关处战事渐少，兵营逐渐演变为普通居民院落。院落共计二十余处，顺应地势，排列整齐。建筑多为明清时代建成，砖石结构，色调素雅。与南门外立面森然冰冷的威严之势不同，为驻兵提供公共活动空间的街道面貌尺度平易近人，充满了生活气息（图3-9）。

图3-9 关城主街街景

古街北侧尽端的一株古槐是街道空间的转折点，自此转东，尽头便是东城门。东城门城台高大坚固，由砖石砌筑而成，嵌在拱券门洞上方的青石牌匾上书"直隶娘子关"五个

---

1 瓮城亦称雍城，即古代关隘城门外的月城，作为掩护城门加强防御之用。

图3-10 娘子关东城门

大字，墙体残缺斑驳，弹痕累累，默默传
达着经年累月的沧桑（图3-10）。城台北
侧有坡度极陡的砖砌台阶通往台顶。台顶
上的城楼早年被毁，仅余柱础，现存木构
为新中国成立后修复。

　　据《娘子关志》记载，关城东、西、
南三面城墙为砖砌，宽1～1.6米不等，高2
～5米。城南的城墙自宿将楼起，沿绵山山
麓一路向上，形如一把锋利的锯齿弯刀，
与位于山脊的烽火台相连，构成完整的防
御体系（图3-11）。城北由于不是防御的
重点方向，加之自然地势已经极为险峻，
故此处城墙结构不如城南坚固，由夯土筑
成，长50余米，宽1米有余。东城门外地势
开阔，是驻军平时演练战阵的教场。

图3-11 形如锯齿的南城墙

第十章

上下董寨
SHANGXIADONGZHAI

一、概述

　　董寨位于娘子关西约8公里的卧龙岗，分为上董寨和下董寨(图4-1、图4-2)。在东汉中平年间（184～189年），并州牧董卓开始在此设垒驻兵，史称董卓垒[1]。《山西通志》记载："董卓垒在县城东北90里，即承天军址，汉董卓为并州牧，驻兵于此。"董寨也应起源于此时。明清时期，随着商道的发展，董寨也逐渐兴盛，并在民国时期分为上董寨和下董寨。上董寨居西侧，下董寨居东侧，两寨之间有东西向古街蜿蜒贯穿相连(图4-3～图4-5)。

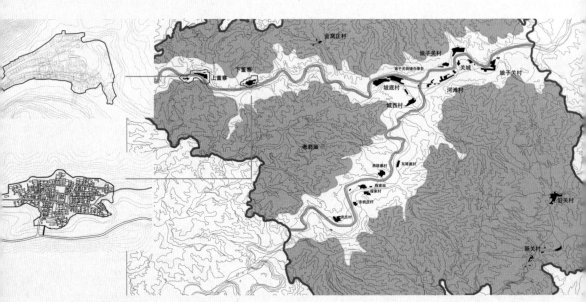

图4-1　上下董寨在娘子关镇中所处位置

1　乾隆版《平定州志》载："董卓垒，在州东北九十里。汉董卓为并州牧，驻兵于此。有唐李諲撰碑，今剥落不存。延志云：汉史灵帝征董卓为少府……今郡东北九十里，称卓故垒，在未详其故。"

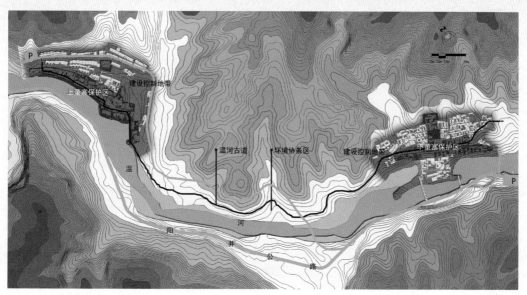

图4-2 上下董寨及其周边环境[1]

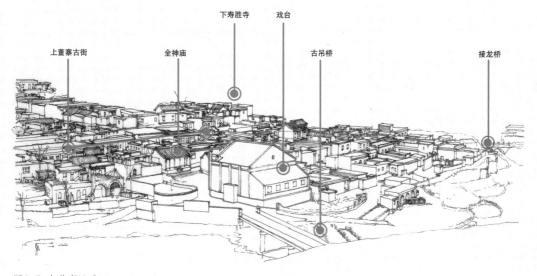

图4-5 上董寨远眺

1 引自华中科技大学《娘子关历史文化名镇保护规划》

图4-3 上董寨全景图（于紫金山上鸟瞰）

图4-4 下董寨全景图

二、村落选址

　　董寨北靠巍峨高耸的卧龙岗，不受北风侵袭；南临蜿蜒曲折的温河，河水取之不竭，整体上呈背山面水之势，与中国传统选址模式相吻合（图4-6）。董寨的选址主要有以下影响因素：

　　首先是商贸经济对董寨选址的影响。隋炀帝征夫开凿的岩崖古道，沿河谷蜿蜒穿过上下董寨。当时的古道主要用于军事用途。唐代承天军城建立后，加大了对温河沿线岩崖古道的开掘拓宽，以后历朝也多次对古道开拓和修缮，以利商旅贸易的通行。元朝至明清时期，山西经济的发展带动娘子关附近商贸往来增多，娘子关岩崖古道由当年的军用道路逐渐演变为输送煤、铁、砂货及土特产品的商贸要道。随着商贸活动的增多，位于岩崖大道商贸线上的董寨有了较大发展。上下董寨古街上遍布的骡马店与客栈遗址记载了当时的辉煌。清咸丰七年（1857年）《重修石桥碑》记载："董寨村东阁外有旧桥，上通秦晋，下接燕赵，往来商旅，靡不遵行，诚上下之要路，出入之总途也。"文中所指古桥即是现存于上董寨村的接龙石桥。这段话印证了当时董寨商贸经济的繁荣。至今，上董寨村前岩崖古道尚有保留，骡马蹄印亦依稀可辨（图4-7）。

图4-6 背靠卧龙岗，面临温河的上董寨村

图4-7 上董寨村古道遗迹

　　其次是风水理论对董寨选址的影响。风水理论从人们对自然规律的长期观察与实践中得来，并经过后人的文学艺术加工形成了一套完整的体系，这一体系与中国传统的"天人合一"观念相结合，共同影响了中国几千年的文化和生活习惯，也在村落选址中起到了重要的作用。老子《道德经》载："万物负阴而抱阳，冲气以为和。"负者，背也，后；抱者，腹也，前。北靠高山，南临河流，是理想的居住基址。清代范宜宾曰："无水则风到而气散，有水则气止而风无，故风水二字为地学之最重，而其中以得水之地为上等，以藏风之地为次

等。"[1] 上董寨村北以背后卧龙岗为其主山[2]，其后连绵山脉为其少祖山及祖山，前有温河之水流经，左右有突出山体的老虎嘴岩等岩壁为其肩，南望河对面的凤凰岭为其案山，凤凰岭后山脉为朝山（图4-8、图4-9）。上董寨村西河沟内有一突出的高台伸入河中，凸立的台地恰似高昂的龙头，连绵的山脉组成龙身，一直延伸到下董寨村，象征着完整的中国传统文化中的瑞兽青龙。而下董寨基址所在的河中砥石，像一只巨龟，承托起整个村庄。据当地村民介绍，下董寨村北有龙腾九州、南望凤凰山脉、西有龟将守寨、东有蛇将持戟，占尽风水

图4-8 上董寨主山——卧龙岗　　　　　　　　图4-9 上董寨案山——凤凰岭

祥脉。自此可见，古人对风水理论的运用在董寨村的选址中体现得淋漓尽致。

　　其三是军事地位对董寨选址的影响。东汉中平年间，董卓为并州牧[3]，见董寨山势险要易守难攻，遂于此设"董卓垒"，驻兵把守。及至隋代，岩崖古道开辟之初，亦主要是以军事为目的，古代晋冀间或北方有战争，东西两方行军便取道于此。董寨之所以成为历代军事防御体系中的重要一环，很大程度是由于村落选址的先天优势。温河河谷自西向东呈狭长走势，南北两侧皆有崇山阻隔，谷地温河水流湍急，无论是早期由东向西进陕西，还是后期由西北向东入北京，董寨均是必经之地。而背负山险面临水、险立于峭壁之上的董寨，俨然"一夫当关，万夫莫开"的架势。而董寨村丰富的石材使村中建筑多由青石筑成，甚为坚固。虽无确切依据指出董寨村的诞生是由于董卓垒的设置，但在此驻兵毫无疑问促进了村落的成长发展。而后朝各代对此地军事地位的重视，使其能够长久行使其职能而不致衰败。

―――――――――――――――

1 范宜宾，字半池，号监斋，汉军镶黄旗人，大学士范文程后裔，清朝官吏。
2 主山、少祖山、祖山、案山、朝山为中国传统风水理论中理想基址中所必备的位于基址四方的山峰。
3 董卓（？～192年），字仲颖，陇西临洮（今甘肃省岷县）人。东汉末年少帝、献帝时权臣，西凉军阀，官至太师、郿侯。

三、村落格局

上下董寨诞生源头一致，空间分布较近，历史作用相似，居民的文化习俗相近，故村落布局有很多类似之处，但也有许多不同。

1.上董寨村

上董寨村建于温河谷地转弯处卧龙岗山腰，地势较为平坦处。村内建筑由西北至东南，沿温河走势，呈狭长带状分布，中部平坦地区较为宽阔，东西两翼山体向南伸出，呈怀抱之势。由于平地较为稀少，居民多以河谷地区作为农作物种植、家畜饲养用地（图4-10）。村落纵向层次由低到高分为河谷地、农田、居住建筑三级，落差较大。村内建筑群落呈典型的山地建筑布局，因山就势、层层跌落，顺应等高线走向，形成高低错落、层次丰富、形式多变的空间形态（图4-11）。

上董寨村南有古吊桥、同心桥及新修桥梁，与温河南岸相连。由村落南入口进村后，向北有道路蜿蜒而上至上、下寿圣寺，成为上董寨村南北联系的主要道路。村落东西向则被由岩崖古道发展而来的临河石道贯穿。石道西起王家大院，向东经凌云阁遗址，至全神

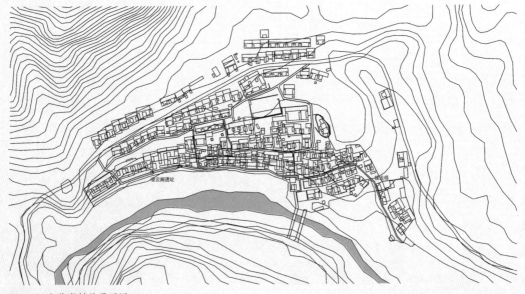

图4-10 上董寨村总平面图

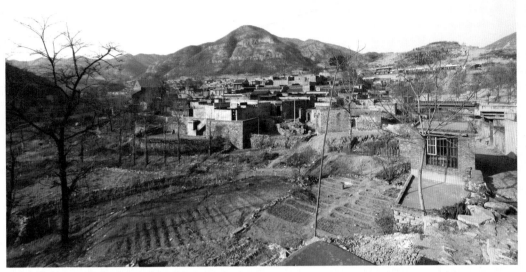

图4-11 河谷、农田、建筑三级层次分明

庙处与南北向主路十字交会，继而向东南方向过接龙桥、关圣庙而出村，全长一公里有余。

在不同高差上，与东西主街平行的后街位于上寿圣寺前，是村落北部地区东西联系的干道。两条干道之间由诸多小巷南北相连，共同构成村落完整的道路体系。小巷的设置曲折蜿蜒，并运用了步移景异和空间收放的手法，取得了富有趣味的街道效果（图4-12）。

上董寨村重要的公共建筑在村内均匀散布。南部村口处布置全神庙和戏台，并留出大片公共空地，提供了举行公共活动的场所。关圣庙则位于村落东口的东西主街上，主体建筑与戏台隔街相望，把守着村落的东口。上寿圣寺位于村落南北轴线北端较高处，气势雄伟，俯瞰全村。下寿圣寺偏于村庄东部，规模较上寿圣寺小，寺旁和寺内古树成荫。

图4-12 富有变化的线状街道空间

图4-13 下董寨村总平面图

图4-14 顺应地势的建筑布局

图4-15 纵横交叉的街道

2.下董寨村

　　下董寨村建于温河谷地南岸山腰巨石之上，村落结合地势，形成了东西方向较长、南北方向较短的十字形布局（图4-13）。温河在村口流向变化较大，并由于落差在龙潭石前形成了龙潭。壁立千仞的巨石与飞流直下的瀑布，造就了独特的村口景观（图4-14）。村

图4-16 古街尽头的朝阳阁

内建筑相比上董寨，则排列更为规则整齐。建筑顺地势而成，坡度较陡处多依靠山体起靠崖窑[1]，坡度平缓处起锢窑，厢房倒座多为起脊房。

与上董寨相似，下董寨村南入口也由吊桥与温河南岸相连。村内由商贸古道和与其平行的街道形成东西向干道，连同三条南北向街巷共同构成"三纵两横"的主干道网络。古街西接上董寨，东通娘子关，东西向贯穿下董寨村，是整个村落形态发展的骨架（图4-15）。

村内主要公共建筑均沿轴线布局。以村落中心的老剧院为轴线中心，沿古街向西经关帝庙到村西口平安阁，向东则通往村东口的朝阳阁，在视线与空间上双重连接，轴线上的节点将沿街建筑乃至整个村子串联为一个整体。南北向则以位于村北最高点的显泽山大王庙为起点，向下经戏台、老剧场直到村南口的吊桥，再向南更是延伸到温河南岸的凤凰山，形成了一条视觉轴线，与空间上的横向轴线相互补充。下董寨古时曾有三道寨门，分别位于村子的东、西、北三个方向。由于村子南临温河龙渊，地势险要，可为天然屏障，故未设门。而东门作为村防重地，寨门内外落差极大，地势尤为险要（图4-16）。据当地人介绍，下董寨村当年曾出于风水上的考虑，村落四个方位都建有庙宇，东有观音庙，西有关帝庙，北有大王庙，南有牛王庙。现仅存大王庙和关帝庙。

3.村落格局分析

作为由防御功能带动发展起来的村落，董寨村在选址时更多地从利于抵御外敌的方面考虑。立于山腰峭岩之上，并不十分适合居住。但居住于此的历代村民们，在漫长的建造实践过程中因地制宜，把村落空间格局的劣势化为优势，造就了功能合理的空间布局。

首先，街道与节点处理收放有序。上董寨与温河南岸相连的唯一道路是村落南入口处的吊桥。从狭窄的吊桥上北望村庄，村口空间被全神庙戏台的背立面所遮挡。走过吊桥绕过戏台，突然出现在人们面前的，即是全神庙及戏台围合的广阔村口公共空间。这种布局手法既满足了村落防御和安全的需求，又符合中国传统含蓄内敛的空间设计手法，形成了极富传统特色的村口景观（图4-17）。

由上董寨南北干道一路向北，街道两侧是高耸的石墙，景观比较单调，但沿小巷右转

---

1 锢窑，在地面之上，仿窑洞的空间形态，用土坯、砖或石等建筑材料建造的独立窑洞。

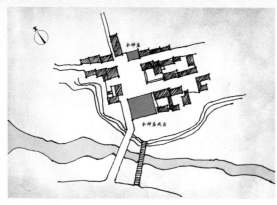

图4-17 上董寨村口空间示意图

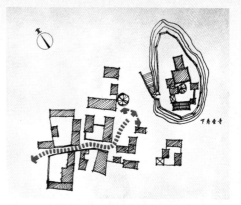

图4-18 上董寨下寿圣寺处街巷空间示意图

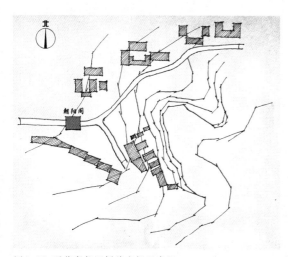

图4-19 下董寨朝阳阁处空间示意图

走到尽头，视线豁然开朗，矗立在眼前的寿圣寺位于巨石之上，掩映在古树环抱中，处于全村制高点。这种欲扬先抑的造景手法，提供了一种由压抑到开敞的视觉体验（图4-18）。

其次，利用空间设计手法营造不同气氛。上董寨上寿圣寺前有一片非常宽敞的空地，除了举办公共活动的需求，还考虑到上寿圣寺的南立面横向展开，足够大的空间为人们瞻仰上寿圣寺全貌提供了足够的视距。从空地上仰望，位于高高台基上的寺院尽收眼里，一种庄严肃穆的感觉油然而生。同样是寺庙，下董寨的显泽山大王庙则使用了截然相反的空间设计手法。大王庙沿山势建造，扶岩而上，院落整体竖向要素上占主导地位。而庙宇主体与戏台之间的空间较小。人们观察大王庙的视点距建筑很近，从而使人们以仰望视角观察建筑，更显得大王庙高耸入云。不同于上寿圣寺给人的庄严肃穆的感觉，大王庙给人一种威严压迫的气势。正是空间处理手法的巧妙运用，让人产生了不同的心理感受，符合建筑所要表达的气氛。

再次，巧妙结合地形地势。作为村东防御的重要节点，下董寨东阁在位置空间选择上也非常成功。东阁建于古街东端，门外地势突然下降，坡度约60°。东门两翼地势则伸出

图4-20 上董寨前街平面图

图4-21 上董寨前街街景

平台，对由东而来的人们形成环抱之势，形似一天然瓮城，对地形的运用巧妙至极，令人不由叹服古人的匠心（图4-19）。

四、街巷

1. 上董寨前街

上董寨前街始建于明代，临温河而建，走向与河流一致，地势平缓，无陡坡。它是上董寨最重要的一条街道，也是上董寨与外界联系的重要道路。街道（图4-20）全长1060米，宽约4～5米，青石砌筑，街东西两头分别筑有接龙桥、凌云阁。街道南侧临崖，崖下为温河，临崖砌矮墙；北侧为店铺和住宅，均为砖石结构（图4-21）。有别于充满宁静生活气息的后街，前街商业气息较重，显得更加开敞和繁华（图4-22）。

沿街建筑的门窗大小与其经营模式关系密切。对于经营昂贵商品的商铺，窗子设置得又少又小且窗台较高。而对于经营普通商品的建筑，窗口常设置得较大且窗台较低（图4-23）。

图4-22 上董寨前街后街街景比较

经营种类	立面实景	立面特点	形态分析
贵重商品的买卖，如当铺		窗子尺寸小、数目少，窗台较高；门较宽	客人一般进入房间内办理业务，这样的立面形态有利于保障商品安全
普通商品的买卖，如药铺		窗子尺寸大、数目多，窗台较低；门较窄	客人一般通过窗口办理业务，这样的立面形态方便经营

图4-23 上董寨前街商铺立
面比较

2.下董寨街

　　下董寨街东西贯穿全村，既是村内交通要道，也是最重要商业街。明清时期，客栈店铺林立，较著名的有恒兴店、聚合成、隆聚号、南药铺、德胜魁、小店房、三文店、万和成等。店铺种类多样，有茶楼、骡马店、药店、小型手工作坊等。古街东高西低，全长500米，街宽3.5～4.5米，刚好满足两辆马车并驾（图4-24）。街面由青石砌筑，沿街采用典型的宽大门、活门槛。全街分为东西两个大街，二者通过一个小广场联系。东街较短，没有道路交叉口；西街较长，有6条巷道相连，即"一街六巷"的形式（图4-25）。

　　沿街店铺大多为一层，界面封闭连续，仅在与其他街道的相交口处断开。砖石砌筑的建筑虽饱经风霜，但大多保留原有风格（图4-26～图4-29）。随着时代的变迁，古街不似当年繁华，许多商铺已不再经营，只留下建筑，但街道形态基本保存完整，古商道的痕迹清晰可见。街道由大小不一、形状不规则的石头铺成，地面凹凸不平。每年正月十六下董寨都会在此举办跑马活动（图4-30）。

　　下董寨古街各店铺立面相似而不重复，既保持了界面的统一，又增强了识别性。古街上没有任何两座建筑物是完全一样的，如店面相差仅几皮砖的高度，房屋前后位置错开几

图4-24 下董寨古街平面图

图4-25 与下董寨古街相连的街巷统计

十厘米，开间的微小变化，门窗位置的改变，屋脊雕刻细微差别等，这些使得街道增加了许多趣味。这些差异的产生并非偶然，而是由古人等级制度导致的，如晚辈的房屋必然不能超过长辈的房屋，以显示对长辈的尊敬；大户人家的房屋必然会比普通人家的房屋建得更高，以象征自己的地位。久而久之，便形成了现在错落而又整齐的沿街立面。

图4-26 下董寨古街东街北立面

图4-27 下董寨古街东街南立面

图4-28 下董寨古街西街北立面

图4-29 下董寨古街西街南立面

图4-30 下董寨古街透视

下董寨东大街6号　　　　　　　　　　下董寨东大街2号

五、居住建筑

1.王家大院

（1）王家大院总体分析

　　王家大院占地面积约7000多平方米，建筑面积2500平方米，是晋东典型的山地宅院（图4-31）。王家大院始建于清末民初，经过几代人的努力才得以完成。董寨王氏家族到第十一代"宿"字辈的三兄弟时，家族所创办的"万盛德"远近闻名，家业殷实，全家齐心协力，加之雄厚的经济实力，才得以完成。大院坐北朝南，依山傍水，总平面呈"目"

图4-31 上董寨王家大院区位图

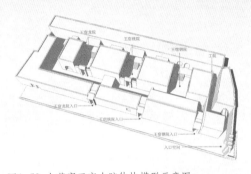

图4-32 上董寨王家大院体块模型示意图

字形，由三座单独大院和六座小院组成，共八十多间房屋（图4-32、图4-33）。砖雕、木雕、石雕技艺精湛，用材用料十分考究。

王家大院位置优越，坐落于上董寨村的"龙头"老虎嘴岩下。由于大院修建年代较晚，村中建筑密集，难以提供较大的场地，尽管主人家境殷实，但也只能选址在位置较偏的上董寨最西端。度其地势险要，且南望凤凰岭，前临温河，防御性好，不失为宝地。大院西面、北面依靠山崖，以为屏障；南边为悬崖，地势险要，有易守难攻之势（图4-34）。

图4-33 上董寨王家大院风貌

王家大院共分上下两层建筑。下层一字排开18眼窑洞，上层三处主院自东向西依次排开。东起兄长王宿钢宅，中为二弟王宿统，西为三弟王宿龙宅（图4-35、图4-36）。

王家大院有较强的防御性和内向性，外墙高大、厚实且极少开窗。院落大门位于东侧，门前是靠近悬崖的平坦空地，其北侧为一条自北向南上坡的石路。院落大门门洞为石拱券。外墙墙头则砌筑砖瓦花格，具有鲜明的防卫目的。古代风水学讲商属金，而南主火，火克金，克金则不能发财，因此建筑群大门单独设置且开向东方。大门石匾上雕刻"依山带水"字样，字体古朴，砖坯整齐，顶上做成规整的城楼式的箭垛，淳朴厚实（图4-37）。大门西侧是通长的一个敞院，敞院一侧面向山谷，另一侧则设有进入三个主院落的大门（图4-38）。

主要院落多为坐北朝南四合院，附属院落则据地形布置。虽然大院建筑数量多、居住人口多，但布局得当、交通流线清晰、主次有序（图4-39）。各院落设置上体现了严格的宗法等级观：兄长王宿钢宅，建筑面积最大，两弟之宅略小，体现了"长幼有序"；工院、服务用房都在大院东西两个边缘布置，规模、形制远不及三个大院，建筑朝向也是据地形布置，体现了"尊卑有分"。每个庭院内都种有石榴树。石榴籽多，象征着多子多福，是旧时娘子关古镇人们喜于栽种的树种。

图4-34 上董寨王家大院鸟瞰

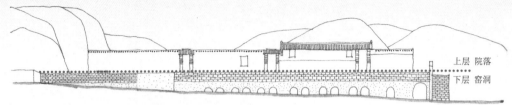

上层 院落

下层 窑洞

图4-35 上董寨王家大院外立面图

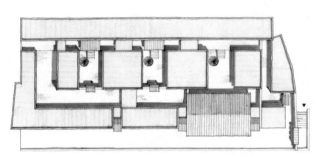

图4-36 上董寨王家大院屋顶平面图

图4-38 上董寨王家大院靠崖敞院

图4-37 上董寨王家大院大门

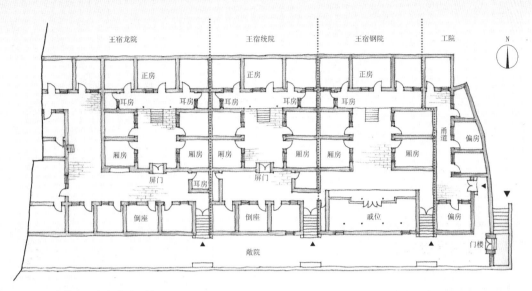

图4-39 上董寨王家大院平面图

院落有较完整的供水、排水设施和储藏、炊事、安全防卫等设施。屋顶的雨水都是先汇聚到各庭院中再由地下的排水管排出，称为"四水归堂"，有"聚财"之意。为了防止雨水侵蚀，王家大院的各个正房窑顶用灰泥抹平，窑口均用灰砖砌，下部用青石砌筑，十分讲究（图4-40）。

王家大院巧妙地结合了地形，下层窑顶为上层房舍的基础，下层房舍又是上层的院子，使得建筑形体层层跌落，颇有气势。大院的四级阶梯的台院分别用于家畜、庭院、晾晒、庄稼，平添了浓郁的劳作气息。其交通组织具有明显的高程变化，上下两层之间设置楼梯，使得院落上通下达，造就了丰富有序的村落景观，上院向后建明窑暗窑，使得窑上有房，房自成院，成为屋、楼、窑结合的民居群（图4-41～图4-43）。大院外雄内秀，院

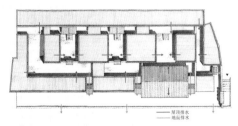

图4-40 上董寨王家大院排水示意

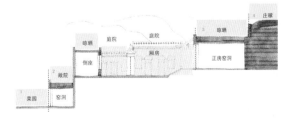

图4-41 上董寨王家大院空间分析

图4-42 上董寨王家大院18眼窑

图4-43 上董寨王家大院上院顶形成的台院

图4-44 上董寨王家大院精美木雕

图4-45 上董寨王家大院精美石雕

宅外壁立的高墙和院内精美的木雕、砖雕、石雕等饰物形成鲜明的对比。各个大门做法有一定定式，精致华美，用以体现王家大院较高的政治经济地位（图4-44、图4-45）。

（2）王宿钢之宅

王宿钢是兄弟中最年长的，遵循"东侧为尊"的传统观念，王宿钢宅是位于最东方且最大的一个院落（图4-46）。宅院采用四合院形式，按一条中轴线对称地布置房屋，院落由正房、两厢和倒座围合而成。正房坐北朝南，正面三眼窑洞，青石建造，青砖砌墙，青石铺院。东西厢房为配窑，各两眼（图4-47）。

从敞院向王宿钢宅过渡时，院门起着空间"起承转合"中"转"的作用。院门是最吉利的"坎宅巽门"，即门设在东南角。门前台阶7级，门洞宽2.27米。门楼墙体分为两个部分，下部分为青石，上部分由砖砌成。门楼的装饰极具特色，抱鼓石、墀头到墙基石尽是石雕，姿态纷呈；雀替皆为木雕，雕琢细腻；如意斗栱，出挑做成卷云的式样，木构件上都雕有花饰（图4—48）。

院门外面原有影壁，而今只剩下两块条石了。但门内的影壁还保存完好，精致的砖雕清晰可见。设置影壁的主要目的是避邪。从空间艺术上来说，则可以增加空间变化，隔绝

图4—46 上董寨王家大院王宿钢宅院鸟瞰图

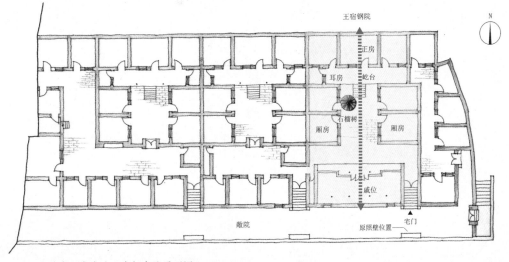

图4—47 上董寨王家大院王宿钢宅院平面图

图4-48 上董寨王家大院王智锏宅院院门

外部视线，满足居住建筑对私密性的要求。

正房为靠崖窑，厢房为锢窑（图4—49、图4—50）。正房窑洞高于东西厢房和倒座，建于屹台之上，屹台通过6级台阶的垂带踏跺连接到庭院，演绎了传统建筑中所讲的"登堂入室"。"登"即是"上"的意思，暗示运气高涨、连连高升、一切如意等。因此，通过设置屹台，突出正房的地位，也顺应了美好的寓意。

倒座面阔五间，近120平方米，双坡硬山建筑，外设檐廊，采用"一明两暗"的形式，当心间即"明间"又称"堂屋"，是家长会见重要客人和在节日里举行祭祀仪式的地方，东西暖房各一间，每间20平方米左右（图4—51～图4—53）。

图4—49 上董寨王家大院王宿钢宅庭院透视

图4—50 上董寨王家大院王宿钢宅厢房正立面图

图4—51 上董寨王家大院王宿钢宅倒座外立面

图4—52 上董寨王家大院王宿钢宅倒座内部

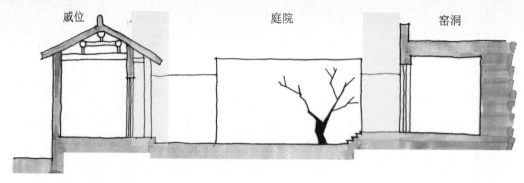

图4-53 上董寨王家大院王宿钢宅倒座灰空间示意

（3）王宿统之宅

王宿统宅同样采用四合院形式，但其形制略低，宅院面积不及王宿钢宅大（图4-54）。布局规整，庭院由倒座、东西厢房和正房围合而成（图4-55）。正房为三眼窑洞，东西厢房各两间，倒座为三间，东西厢房均带耳房（图4-56）。

院门与王宿钢宅院门形制相似，装饰细腻，但斗栱的复杂程度不及兄长家（图4-57）。宅院空间相似却不同，王宿统宅院内部设有屏门，将内部空间一分为二，形成两进院落。二门采用垂花门的形式，通体以砖仿木雕刻，装饰精美，门匾额上书"松竹"，以此明志（图4-58）。正房为窑洞，窑前出挑

图4-54 上董寨王家大院王宿统宅院鸟瞰图

了单坡顶的檐廊，起到遮风避雨的作用。挑檐由木柱支撑，建于屹台之上，称"明柱厦檐高屹台"，强调了正房的重要性，也很好地完成了室内到室外的过渡，还有利于排水（图4-59、图4-60）。正房窑洞采用三孔靠崖窑，东西厢房为锢窑，与正房的靠崖窑共同形成了严谨的四合院形式。

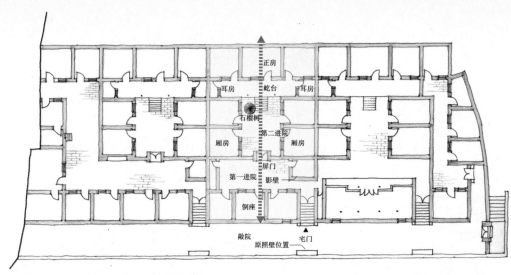

图4-55 上董寨王家大院王宿统宅院平面图

图4-56 上董寨王家大院王宿统宅院透视

图4-59 上董寨王家大院王宿统宅院明柱厦檐图

图4-57 上董寨王家大院王宿统宅院院门

图4-58　上董寨王家大院王宿统宅院二门

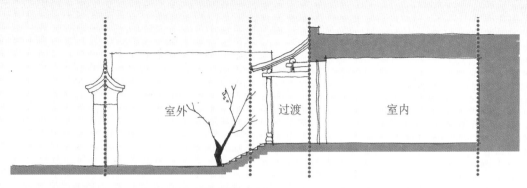

室外　过渡　室内

图4-60 上董寨王家大院王宿统宅院明柱厦檐形成灰空间

（4）王宿龙宅

王宿龙宅为一主一次的四合院，主院形式与二哥王宿统宅十分相似。次院在主院西侧，有单排耳房，用来充当库房储存粮食（图4-61、图4-62）。院西有0.8米宽的楼梯，通向正房窑洞顶部的晒场。晒场北侧有一个很小的窑洞，据居住此处的老人说，窑洞内有密室和暗道，用以逃生（图4-63）。

王宿龙宅门前有拴马柱，大门斗拱比王宿统宅院门的更为简单。进入院内，没有影壁，而有一耳房。一道屏门将宅院空间划分为一主一次的院落空间（图4-64）。正房为

图4-61 上董寨王家大院王宿龙宅院鸟瞰图

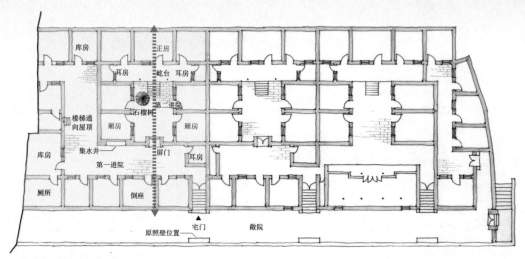

图4-62 上董寨王家大院王宿龙宅院平面

图4-63 晒场及暗窑

图4-64 上董寨王家大院王宿龙宅二门

图4-65 上董寨王家大院王宿龙宅庭院透视

图4-66 上董寨王家大院王宿龙宅西厢房立面

图4-67 上董寨王家大院王宿龙宅正房室内

图4-68 上董寨王家大院王宿龙宅集水井

靠崖窑，厢房砌筑精致，前檐墙装饰精美，同时可以遮挡雨水的冲刷、保护墙面，顶部采用十字花砖女儿墙，下碱用的是料石砌筑（图4-65～图4-67）。其主院西厢房山墙较厚，上有拱形壁龛，内有集水井（图4-68）。

（5）工院

工院在靠近王家大院大门的最东边，是佣人居住和劳动的场所，面积较小，日照也较差，形状不规则，依地形而变化。院门向东开，院内空间狭窄，仅为一条甬道连接的单排房院，各间房间门均开向甬道。据居住在此的老人讲述，从前王家平日里雇用的20多个长工，都居住于此（图4-69～图4-71）。

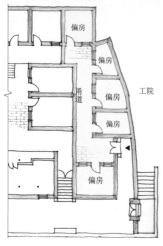

图4-69 上董寨王家大院工院平面图

图4-70 上董寨王家大院工院俯视图

图4-71 上董寨王家大院工院外立面

2.邵家大院

　　邵家大院建于清代，位于上董寨中部偏西，东、北两个方向临街，占地面积420平方米，房屋共15处，二进院。外院由倒座、东西厢房围合而成，倒座西侧建有耳房，东侧为宅院大门。内院是一正两厢的规模，正房采用当地最为盛行的三眼窑形式，两侧并没有耳房，和北京四合院不同（图4-72～图4-77）。由于院落建于坡地之上，所以建筑顺应地形，自大门进入后，地平不断抬升（图4-78）。

　　大门为欧式砖石建筑风格，门洞采用欧式蘑菇石砌筑，洞高2米。门顶部两侧有砖柱体，高1.65米，中间为砖砌三角形墙。在大门上方、三角墙下石匾上雕刻"向阳升"三字

图4-72 上董寨邵家大院区位图

图4-73 上董寨邵家大院鸟瞰

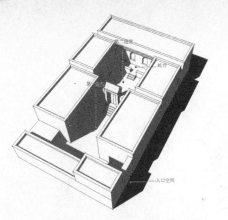

图4-74 上董寨邵家大院体块模型示意图

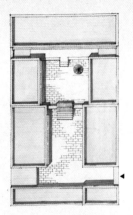

图4-75 上董寨邵家大院
屋顶平面图

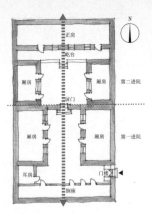

图4-76 上董寨邵家大院平面图

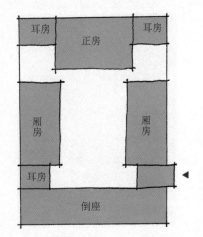

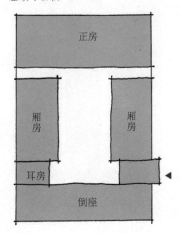

图4-77 晋东、北京四
合院平面图比较

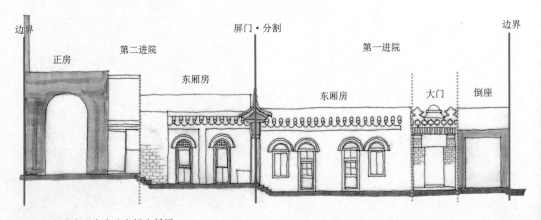

图4-78 上董寨邵家大院空间分析图

图4-79 上董寨邵家大院大门

图4-80 上董寨邵家大院大门

（图4-79）。与大门精美的欧式建筑风格不同，大院内部并没有欧式的影子。院中有屏门，砖石结构，门楣有砖雕花饰，雕琢精细，它将大院分为前后两进院落（图4-80）。第二进院内种有一株石榴树，每到夏季，鲜红的石榴挂满枝头，为院子平添了很多生气。第二进院正房外观形似三开间平房，但内部却仍为三窑眼，窑与窑间亦用发券门。屏门墙上、正房墙上各有一个神龛，神龛中供奉土地，当地人对土地的崇敬可见一斑（图

图4-81 上董寨邵家大院第二进院透视

图4-82 上董寨邵家大院第一进院的渗井

4-81）。

院落排水顺畅，屋顶的雨水通过落水口排向院内地面，地面通过找坡将水排向院外。值得一提的是第一进院庭院西侧有渗井一口，上面有铁质带环的井盖。这种渗井在当地非常普遍，它即是院落中的主要排水设施（图4-82）。

3.耕读人家

此院位于上董寨前街之上、凌云阁东侧，距王家大院约55米，因其主人家是以耕种和读书为生，故名"耕读人家"，仅有一进，大致呈南北走向（图4-83～图4-88）。

图4-83 耕读人家区位图

图4-84 上董寨耕读人家鸟瞰图

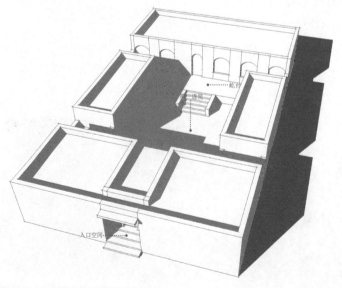

图4-85 耕读人家体块模型示意图

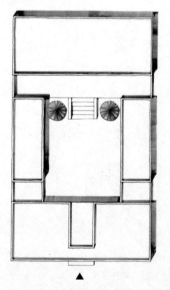

图4-86 耕读人家屋顶平面图

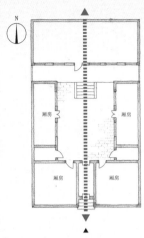

图4-87 耕读人家平面图

图4-88 耕读人家正房立面

六、商业建筑

1．下董寨东大街2号

　　东大街2号位于下董寨东大街南侧，临街而建，坐北朝南，原为一家药铺，名为"南药铺"，占地面积100.4平方米，建筑面积85.2平方米，仅为一进院，由倒座、正房及东西厢房围合而成（图4-89～图4-93）。倒座和厢房曾用于商业经营，正房为主人的卧室，是典型的"前店后宅"的布局。院落大门向北，开向东大街，利于招揽顾客。店铺风格朴素，除了影壁外，几乎见不到更多的装饰（图4-94）。大门后设置一影壁，不仅起风水作用，

图4-89 下董寨东大街2号区位图

图4-90 下董寨东大街2号鸟瞰

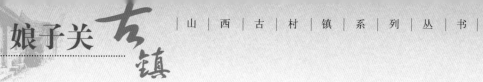

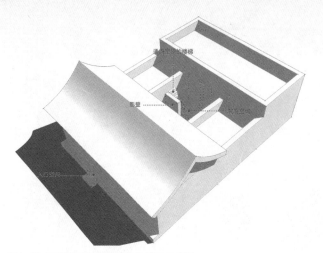

图4-91 下董寨东大街2号体块模型示意图

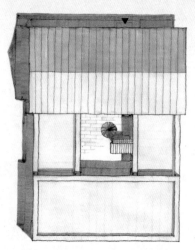

图4-92 下董寨东大街2号屋顶平面图

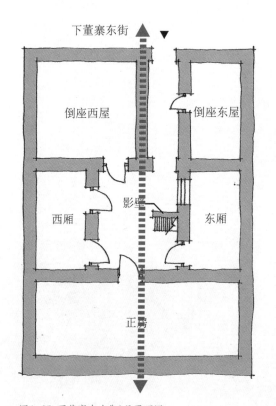

图4-93 下董寨东大街2号平面图

图4-95 下董寨东大街2号影壁及楼梯

图4-94 下董寨东大街2号外立面

还可以阻挡冬季寒风侵袭。影壁背后有一宽50厘米的石砌楼梯，可以通向东厢房屋顶，屋顶可以用于晒药（图4-95）。

倒座是院中唯一的坡屋顶建筑，瓦片排布规则，建筑高度超过了正房，由此可知店主对店铺"门面"多么重视。倒座面积也是几间房中最大的，是主要的店铺营业地点。倒座被大门通道一分为二，东侧房间对外开窗，窗台高一米，便于人们临街进行交易（图

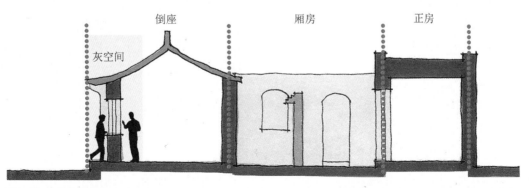

灰空间　　倒座　　　　厢房　　　　正房

图4-96 药铺工作方式

4-96）。

正房立面上仅开一门，门洞起拱小，墙面无装饰，气势不及临街的倒座，为体现正房的地位，比两厢高出0.8米，并建造为锢窑。正房下部用青石砌筑，墙头部分改用砖砌，女儿墙下部有一皮砖，凸出墙面，以防止雨水侵蚀墙面（图4-97）。

2.下董寨东大街6号

东大街6号位于下董寨街东大街南侧，大院一面临街、一面靠崖。店铺占地面积511.3平方米，建筑面积204.7平方米，原为一家骡马店[1]（图4-98～图4-101）。此店为不规则的二进院，其中第二进为

图4-97 下董寨东大街2号正房立面

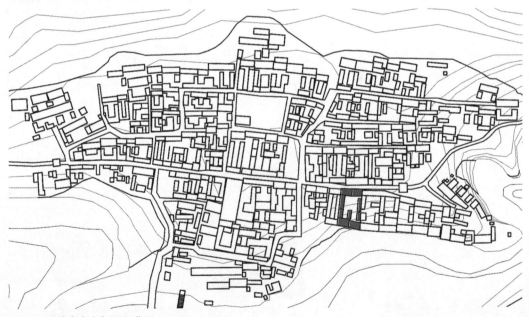

图4-98 下董寨东大街6号区位图

---

1 骡马店即可以喂养寄放牲口的客栈。

图4-99 下董寨东大街6号鸟瞰

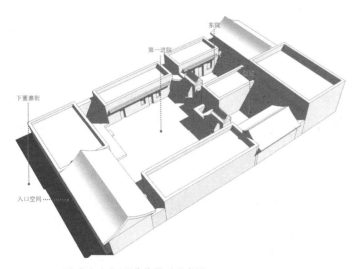

图4-100 下董寨东大街6号体块模型示意图

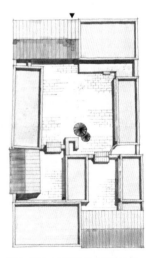

图4-101 下董寨东大街6号屋顶平面图

95

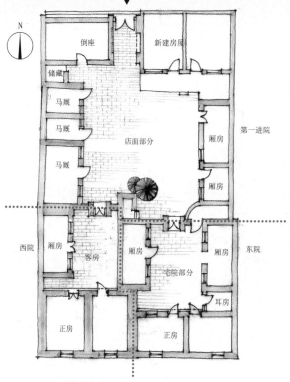

图4-102 下董寨东大街6号平面图

图4-103 下董寨东大街6号外立面图

两并列院，按前店后院的方式划分，功能分区明确，互相联系又互不干扰。第一进院面积较大，由两排廊房、倒座、屏门围合而成，作为店面部分。第二进的东院围合完整，由东西厢房和正房围合而成，作为主人宅院；西院则由西厢房、正房和东院西厢房的墙围合而成，作为客房（图4-102）。

店铺沿街面宽17米，门外空间开阔，使得大院外观十分气派。众所周知，做生意讲究门面，此院就选用较大的板门，门洞2.8米宽，高大宽敞，门脸阔绰。倒座临街，开窗甚小，这是因为这家店不需要进行对外的交易。建筑临街而建，院门与街道的高差仅为一步台阶，大门高大宽敞，利于商贾的驼队车辆进出（图4-103）。

第一进院长12米，宽10.6米，比例接近方形（图4-104）。西侧廊房为马厩，比较简陋，供马匹休息（图4-105）。院南面开两门，分别通往东西两院。东院屏门旁有土地龛，正房为砖石结构的硬山顶瓦房，稍高于两厢，亦在整个宅院中形制最高，东西两间厢房均为砖石结构的平屋顶房屋。西院正房则为二眼的锢窑，女儿墙很高，上部以十字花格装饰，下部有砖砌前檐，厢房为双坡屋顶。从院落大小和建筑形式上可以明显看出，东院为主院，其等级高于西院（图4-106）。在东、西院中，均有锢窑和坡屋顶脊瓦房。厢房都采用山墙凸出的形式，并结合屋面形成一段较窄的灰空间，很好地完成了院子与屋内空间的过渡（图4-107）。排水安排得井然有序，坡屋顶通过双坡进行排水，锢窑则通过落水口进行排水（图4-108）。

图4-104 下董寨东大街6号第一进院透视

图4-105 下董寨东大街6号第一进院的马厩

	屏门	院落透视
东院		
西院		

图4-106 下董寨东大街6号第二进院的东西两院对比

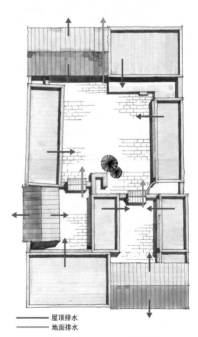

屋顶排水
地面排水

图4-108 下董寨东大街6号排水示意

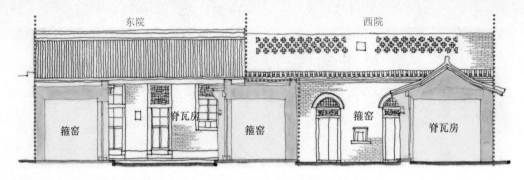

图4-107 下董寨东大街6号空间分析

3.下董寨东大街7号

　　东大街7号位于下董寨街东大街北侧，坐北朝南，占地面积476.26平方米，建筑面积304.65平方米，二进院（图4-109～图4-113）。东大街7号曾经是赫赫有名的"隆聚号"，经营以粮油买卖为主的百货生意。院落临街立面呈"檐廊式"。大门位于外立面的正中偏西，两侧均有开窗（图4-114）。倒座内形成一通道，供人出入（图4-115）。同下董寨许多院子一样，也属于"前店后院"式布局。第一进院庭院的长宽比约为3：1，东厢房向南延伸至临街，与倒座房及西厢房围合形成一进院的庭院。在一进院的正房东侧，设一狭长通道可通至二进院（图4-116）。二进院是后来加建的，不如一进院讲究，布局也不完整，没有东厢房。

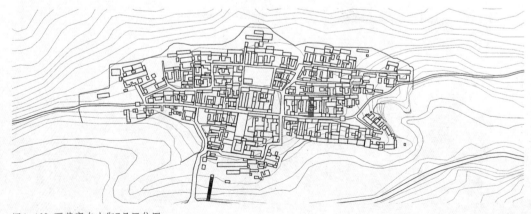

图4-109 下董寨东大街7号区位图

图4-110 下董寨东大街7号一进院鸟瞰图

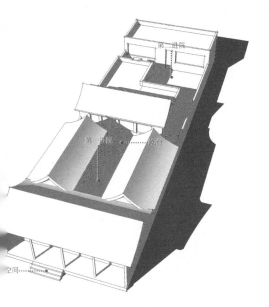

图4-111 下董寨东大街7号体块模型示意图

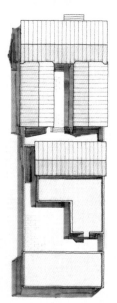

图4-112 下董寨东大街7号屋顶平面图

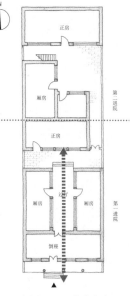

图4-113 下董寨东大街7号平面图

图4-114 下董寨东大街7号临街正立面

图4-115 下董寨东大街7号入口通道

图4-116 下董寨东大街7号一进院西厢房立面

七、庙宇建筑

上董寨村有上、下寿圣寺、大王庙、全神庙、关圣庙等；下董寨村则东建观音庙，西建关帝庙，北有大王庙，南有牛王庙。现存规模较为完整的庙宇有寿圣寺、崇岩寺、老君庙、大王庙、关圣庙、关帝庙、西峰寺等。

1.上董寨上寿圣寺

寿圣寺位于上董寨村，分为上寿圣寺、下寿圣寺两座大院，是上董寨村的标志性建筑之一（图4-117～图4-120）。《重修寿圣寺记》中记载"肇建于皇宋大中祥符间"。其中，上寿圣寺位于上董寨村北部，"其寺凤凰山虎视于前，卧龙岗盘依与后"[1]，占地5000多平方米，规模宏大，建有山门、钟鼓楼、正院、配殿、圣殿等，共分四个院落，西侧为一组两进院，中部和东侧各有一进院。寺前有东西两拱门，西门上方是钟楼，东门上方是鼓楼（图4-121～图4-123）。

上寿圣寺建于山坡之上，基座高出地面2.5米，可由两侧的坡道上到门前的带状平台。寺门两侧的钟、鼓二楼均为两层，上层为卷棚硬山，下层为半圆拱券门洞（图4-124）。《重修寿圣寺记》中记载"又铸□钟一口，重千斤，新构钟楼一所，悬钟于上"，当地人称"千斤钟，十里音"，只可惜"千斤钟"在"大炼钢铁"时期被毁。

---

1 引自《重修寿圣寺记》。

图4-117 上董寨寿圣寺区位图

图4-119 上董寨上寿圣寺

图4-120 上董寨下寿圣寺

图4-118 远眺下寿圣寺

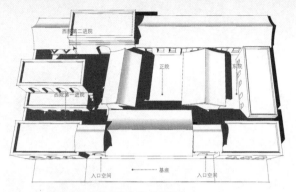

图4-121 上董寨上寿圣寺体块模型示意图

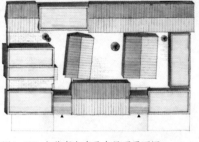

图4-122 上董寨上寿圣寺屋顶平面图

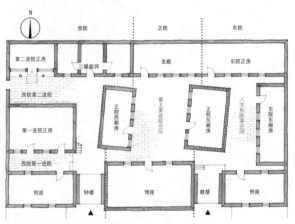

图4-123 上董寨上寿圣寺平面图

图4-124 上寿圣寺大门

　　正院居中，是一个接近正方形的庭院，是全寺最重要和最大的院落空间。正殿坐北朝南，东西两侧为厢房，倒座位于圣殿对面（图4-125、图4-126）。倒座砖墙砌成，悬山坡屋顶，檐部由七朵斗栱支撑，其中两朵为转角铺作，所有铺作均为双下昂垂计心造，共两跳（图4-127、图4-128）。圣殿殿内原有三尊古佛像，但在"文革"时期被拆毁。东院由正房、倒座、东厢房和正院的西厢房围合而成，院落较为狭长，呈八字形，增强了院落的透视效果（图4-129）。西院的第一进院为正房与倒座相夹的空间，正房为"窑上楼"的形式，一层为三孔锢窑，二层为平房；第二进院正房保存完好，带有前廊（图4-130）。

图4-125 上寿圣寺正院透视

图4-126 上董寨上寿圣寺正院西厢房三角屋架

图4-127 上董寨上寿圣寺倒座

图4-128 上董寨上寿圣寺倒座斗栱

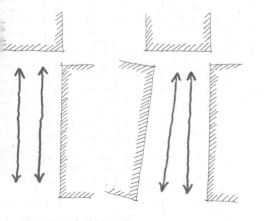

图4-129 八字形空间示意

图4-130 上董寨上寿圣寺西院第二进院透视

2.上董寨关圣庙

关圣庙位于上董寨村最东端，面朝西南，由一进式院落及戏台构成（图4-131）。庙宇供奉的是武财神关羽，寄托着居民期盼商业兴隆的心愿。关圣庙具体创建年代不详，但据庙中碑文，曾在明代嘉靖年间、万历年间进行了修缮。整座庙建在高出地面2.8米的基座上，戏台、屹台、山门、庭院、正殿共同构成了一条清晰的轴线（图4-132~图4-135）。

关圣庙对面为戏台。戏台三面临崖，始建年代不详，外廊简单，风格

图4-131 上董寨关圣庙区位图

图4-132 上董寨关圣庙透视

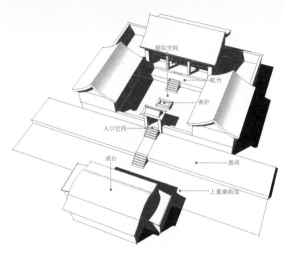

图4-133 上董寨关圣庙体块模型示意图

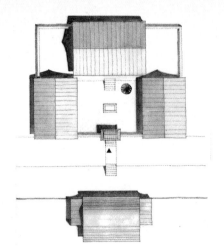

图4-134 上董寨关圣庙屋顶平面图

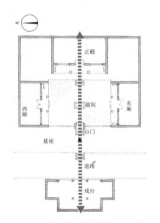

图4-135 上董寨关圣庙平面图

图4-136 上董寨关圣庙戏台透视

图4-137 上董寨关圣庙戏台正立面

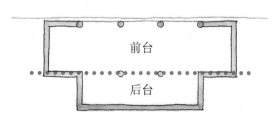

图4-138 上董寨关圣庙戏台平面图

古朴，斗栱硕大，木料形状不笔直（图4-136、图4-137）。屋顶由四部分组成，前台为三组、后台一组，由6根木柱支撑。基座高1.3米，面阔7米，进深3.6米，前台面积25.2平方米，后台6.6平方米（图4-138）。戏台与山门共同限定的空间，形成一个广场，成为人们集会的场所。

关圣庙内部与村间道路存在高差，通过两段青石墁成的台阶，将二者联系起来。同时也增加了肃穆神圣之感，强调了轴线。随着人们拾级而上，视平线逐渐提高，人们所看到的建筑形象也不断变化，营造了丰富的视觉感受。山门比两厢稍矮，与两厢房以短墙连接，形成活泼的天际线（图4-139）。山门主体为砖砌，采用歇山屋顶门楼，装饰精细，门匾额上书"关圣庙"三字，左右门板上有对联曰"挥刀写春秋，秉烛观天下"，刻画了关帝令人崇敬的形象。正殿面阔三间，悬山顶，面向西南，殿前设檐廊，檐柱高宽

图4-139 上董寨关圣庙外立面分析

图4-140 上董寨关圣庙庭院透视

图4-141 上董寨关圣庙正殿

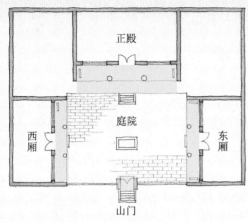

图4-142 上董寨关圣庙灰空间分析

图4-143 上董寨关圣庙排水口

比约1:12，柱身纤细，柱础为方形柱础，呈圆柱形，雕刻有不同的瑞兽，十分精巧（图4-140、图4-141）。

　　整个庙宇恰当地运用了灰空间，增进人与空间的交流。通过房间前部的檐廊、延伸的山墙若有若无地围合出一个室内与庭院过渡的空间，同时正殿与两厢的灰空间在平面上对庭院也存在较弱的围合（图4-142）。关圣庙在设计中考虑了排水设置，内庭院进行找坡并设置雨水口，雨水口设计成龙头的形状，十分别致（图4-143）。

3.下董寨显泽山大王庙

　　显泽山大王庙位于下董寨村最北端，依山势而建，坐北朝南，三进院，主体保存完整，是下董寨村中规模最大的一座寺庙，尚存有数通明清时代的碑刻（图4-144～图4-148）。

图4-144 下董寨大王庙区位图

图4-145 下董寨显泽山大王庙远眺

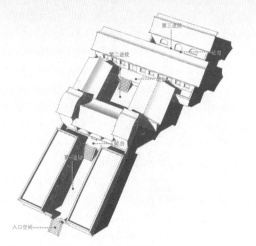

图4—146 下董寨大王庙体块模型示意图

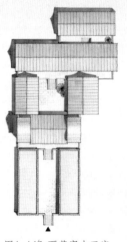

图4—147 下董寨大王庙
屋顶平面图

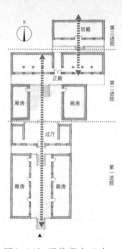

图4—148 下董寨大王庙
平面图

　　第一进庭院为长方形，长宽比例为1：3，有很强的导向性。东西厢房为平屋顶，每个厢房均为三间，以石料砌成，石块大小均匀。地面采用冰裂纹铺地，与建筑交接清晰（图4—149）。北侧的过厅在整个大王庙中起着承上启下的重要作用。它建于屹台之上，屹台与庭院通过10步台阶连接，高差1.8米，一来依山势而升，二来增加了大王庙的仪式感（图4—150）。

　　第二进庭院长6.3米，宽8.4米，其比例趋于正方形，更具向心性。庭院与屹台间高差1.6米，由10步台阶连接，建筑被进一步抬高，更契合逐步升高的山势。屹台一侧设有十字花格的矮墙，用于防护。屹台之上建正殿，人们需抬头仰视，以显神圣。正殿面宽九间，

图4—149 下董寨大王庙第一进院

图4—150 大王庙过厅

图4-151 下董寨大王庙正殿

图4-153 下董寨大王庙第二进院西厢房

通过轴线、空间序列的烘托，显得十分高大。正殿采用混合式屋架，将穿斗式与抬梁式结合，既增加使用空间，又节约大型木材（图4-151、图4-152）。东西厢房均为悬山式屋顶、砖砌建筑（图4-153）。

图4-152 下董寨大王庙正殿室内屋架

第三进院位于正殿之北，有后院，院内空间极为狭窄，并存在1.4米的高差，围合感很弱。后殿为三眼锢窑，依山势而建，建于屺台之上，成为整个显泽山大王庙的最高点，也是空间序列的终点。

大王庙对面建戏台，二者中间大片空地形成开放的广场，是公共活动的重要场所，每逢庙会就分外热闹。古戏台现在虽然已废弃，但保存完好，其屋顶为硬山，灰瓦覆顶，山墙由砖砌成（图4-154）。

图4-154 下董寨大王庙古戏台

八、阁楼及古桥

1. 上董寨凌云阁

　　凌云阁位于上董寨村王家大院西侧，为上董寨前街起始的标志，也是上董寨村的边界（图4-155）。凌云阁东为前街，其南为温河河道。凌云阁现已残破不全，只剩基座（图4-156）。通常，阁楼会成对地出现在村头和村尾，上董寨也不例外。据清咸丰七年(1857年)《重修石桥碑记》记载"董寨村东阁外旧有石桥"，说明村头处也曾有阁楼出现，只是现在遗迹不存。

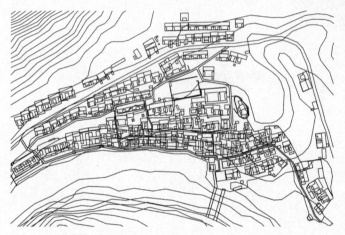

图4-155 上董寨凌云阁区位图

图4-156 上董寨凌云阁遗址

2. 接龙石桥

　　接龙石桥位于上董寨山谷间，为拱券单孔石桥，跨度6米，桥宽5米，桥面全长15米，两侧有石栏板，桥阳面桥孔额部题楷书"接龙桥"三字（图4-157、图4-158）。据清咸丰七年(1857年)《重修石桥碑》记载："董寨村东阁外旧有石桥，上通秦晋，下接燕赵，往来商旅，靡不遵行，诚上下之要路，出入之中途也。" 桥洞采用筒拱结构，石材受力合理。桥拱的施工水平极高，每个砌块之间都拼合得严丝合缝。桥身用大条石砌成，并采用了横向与纵向交错的砌筑方法，加强桥体的整体性，使其结构更稳固（图4-159）。

图4-157 上董寨接龙石桥区位图

图4-158 上董寨接龙石桥桥孔额部题字

图4-159 上董寨接龙石桥

图4-160 下董寨朝阳阁与平安阁区位图

3.下董寨朝阳阁

图4-161 从古街东望尽头的朝阳阁

图4-162 下董寨朝阳阁近景

朝阳阁位于下董寨最东端，阁门面向村外的一面，上有一石匾，上书"朝阳阁"，原为寨东门，建于明万历三十年（1602年），庑殿顶（图4-160、图4-161）。四周有外廊，外饰十字花形镂空的矮墙维护。底部的阁门为石砌，石块大小均匀。阁楼通道中依稀可见以前马车压下的车辙（图4-162）。

4.下董寨平安阁

平安阁位于下董寨最西端，原为寨西门，明万历三十年（1602年）建，也是古商道进寨的必经之路，阁楼下的车辙以前清晰可见，惟由于地势变化，已被泥土覆盖。同时，阁门高度也因此变低，很难让人通过。楼门上方建筑为悬山屋顶，斗栱、额枋等均有油彩，正面带有檐廊。由北侧3步台阶登上建筑。门洞上方有石匾，上书"平安阁"三字（图4-163）。

图4-163 下董寨平安阁远景

【第五章】

固关
GUGUAN

一、概述

固关位于娘子关镇东南新关村，距娘子关约十公里，又名新关（图5-1）。明朝时期，固关与居庸关、紫荆关、倒马关并列为京西"四大名关"，同为"京畿藩屏"[1]，名震北国。固关系由位于其南约5公里处的故关移址新建而成。

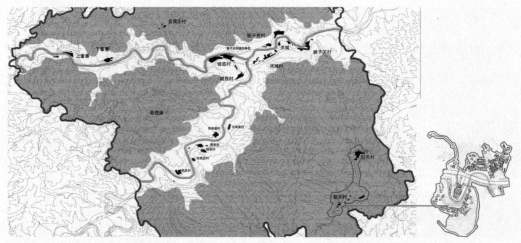

图5-1 固关在娘子关镇域区位图

1.故关

故关又名旧关，位于平定县东的旧关村，距娘子关9公里，相传汉初韩信、张耳出兵击赵即由此处[2]。唐张守节注《史记正义》载："井陉故关在并州石艾县东八十里，即井陉口"[3]。清初《读史方舆纪要》中记载"故关州东九十里，道出井陉之要口也"。此处所称井陉口，意指井陉西口，其和井陉东口即位于今鹿泉市的土门关，共同构成完整的井陉关（图5-2）。

成固定规模的故关关城始建于明朝正统二年（1437年）。光绪版《山西通志》引《读史方舆纪要》载："故关，在井陉县西三十五里，为控扼之要。自昔置关，元末为故关山

---

1 京畿意指国都及其附近地区。在明朝时包括直隶（今以河北省为主的区域）大部分区域。
2 韩信击赵，中国历史著名战役。公元前204年，汉将韩信以几万兵力，于今河北井陉击破号称二十万的赵国军队。
3 《＜史记＞正义》，唐代开元年间学者张守节所著，是注释《史记》地名的权威著作，其注释文字散列于《史记》正文之后。

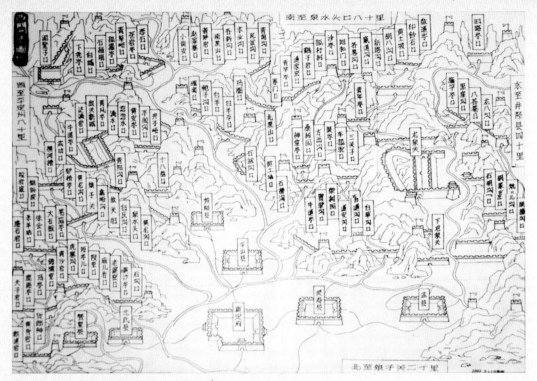

图5-2 西关志中关于娘子关镇域关隘的图示[1]

碧。明正统二年,修筑关城,分兵防戍。"[2]《读史方舆纪要》中载,"于井陉南界平定州地方,创筑城桓。防守官军,隶于真定。因其旧为关隘,名曰故关。"

根据《西关志》记载,此时的关城为下城,其仅仅存在了十数年,便在景泰六年(1455年)废除,而向北迁徙了一舍[3],修筑了上城。关城位于端岭隘口,西侧沿山峰走势修筑长城。据当地老人讲,此关曾建砖城一座,城门两座,城门额书"故关",背书"北天门",主体为三层木石建筑群,城楼直入云霄,雄伟威严。今关城已不存。

明成化二十年(1484年),朝廷于故关设置把总一员[4]。经历了数十年的发展,故关已经颇具规模,当地驻扎官兵的辎重供给需要一个更加便捷和稳定的来源;同时,这一时期

---

1 该图由《西关志》木刻图绘制而来。

2 《读史方舆纪要》,原名《二十一史方舆纪要》,清初顾祖禹所著,共130卷(后附《舆地要览》4卷),约280万字。

3 舍,古时距离计量单位,约合如今三十里路程。

4 把总为明代及清代前中期陆军基层军官名,也可称为百总。在明朝时,把总是仅次于守备的地方重要军职。

"太原不靖"，即太原地区不够安定，需要附近的关隘城镇加以巩固[1]。在这双重背景下，故关的面貌发生了巨大变化。

2.固关

明嘉靖二十二年（1543年），"虏寇太原密迩故关，地当冲要，而旧城险不足，乃北筑于隘口。去井陉四十里，即今新城，添设把总一员统之。旧城惟巡检司存龙泉关。"[2] 从中可以看出，明代嘉靖年间（1522～1566年），山西北部地区并不稳定，这是由于北方蒙古的骑兵常侵袭扰乱，并有军队攻打故关。由于故关旧城不够险固，几欲被敌兵击破。因此，皇帝下诏转移关城，在原址西北十里设置新城，并在故关添设把总一员，故关的战略地位得到进一步提升（图5-3）。自此，故关更名为固关，取"固若金汤"之意。一年后，固关附近的城墙也得到修复（图5-4）。

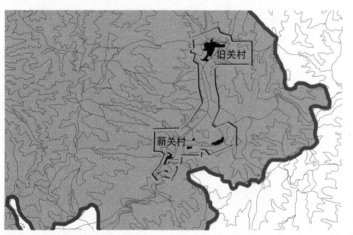

图5-3 旧关村和新关村之间的区位关系

图5-4 如今固关北段长城

嘉靖二十二年（1543年），固关设置参将[3]。而之前一年，朝廷已在紫荆关设置参将，兼管倒马关和龙泉关等关隘。然而紫荆关去此诸关距离遥远，恐鞭长不及，故有此举。这样一来，固关战略地位再次得到提升，龙泉关、固关至顺德所属隘口，都听令于固关参将。

这时的固关新城，已有了明确的疆域限定。根据《西关志》的记载，固关"东至井陉

---

1 《明史·兵志之三》中记载太原总兵治偏头，三边制府驻固原，亦称二镇，是……未几，遂不靖。
2 引自《西关志》。
3 参将，明朝官阶，镇守边区的统兵官，位次于总兵、副总兵。

县四十里，西至平定州八十里，南至泉水头口六十里，北至娘子关二十里，东北至京师八百里"。而龙泉关，"东至阜平县七十里，西至涌泉寺二十五里，南至白草驼三十里，北至银河村四十里，东北至京师七百里。"。三年后的嘉靖二十五年（1546年），朝廷复议将参将改设于真定府城驻扎[1]，遥制龙泉、故关。这样的调度，基于真定府是附近最大的府城，具有良好的供应保障能力，同时，真定府距离龙泉关更近，交通便捷，便于管理（图5-5）。

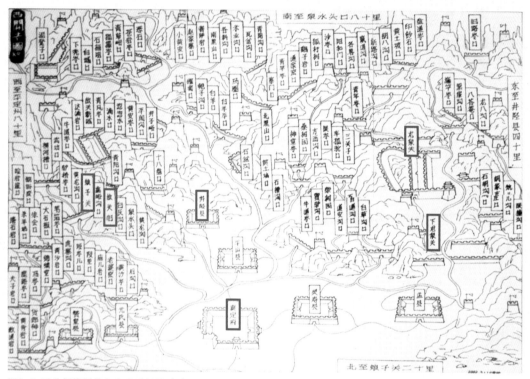

图5-5 固关新城疆域与各关隘间的关系

　　万历十七年（1589年），明朝政府开始在原中山国长城的基础上进行大规模的修复，同时在城内建有三座衙门，由嘉靖皇帝的四叔庄懿王率兵在此镇守关口。在此基础上，新关村的人口得到进一步发展。庄懿王在赴任前，向圣上讨旨，允许固关将士随军带家眷，这样，就布告全国各地招兵买马。同时，规定生男孩者报衙门注册登记，即可享受军饷待

---

1 在直隶省，即今河北省境内，位于固关西南方向，北望平山县、井陉县，东接灵寿县、西面与元氏县隔河相望。

117

第五章

固关

图5-6 《西关志》中对于故关水源的记载

遇，年满18周岁从军守关，并于此安家落户，繁衍生息。目前，新关村有村民200户，近800口人，多数都是明代守关将士的后代。由故关城楼上庄懿王气势恢宏的塑像，可看出该地区人们对其崇敬之情。

固关新城隘口众多，且地理位置显赫形同咽喉，故设管总官之外，兼设把总，后又设置参将。北至龙泉关，亦设把总，但两地相去百里，在紧急战事中无法相互接应。从官职设置上可以看出，在明朝时，固关的重要性逐步提升。相比较之下，此时娘子关的发展则不及固关。在此一时期固关已逐步形成比肩娘子关的战略地位。据当地文物保护人员介绍，固关的战略意义主要体现在与娘子关互为犄角、相互支援的作用上。元朝之后，每逢战事，娘子关常常一闭数月，水源稀缺。而此时的固关则可进行支援，缓解缺水局面（图5-6）。

随着清朝"内边疆"的消失，固关在中国北方边防体系中的地位有所下降。清顺治三年（1646年），固关改设守备戍守。固关瓮城西侧至今存有清代名臣于成龙在康熙二十一年（1682年）最后一次出关赴任留宿时所作七律的石碑复刻本。诗曰："行行复过井陉口，白发皤皤非旧颜。回首粤川多壮志，劳心闽楚少余闲。钦承帝命巡畿辅，新沐皇恩出固关。四十年前经熟路，于今一别到三山。"

碑刻取了首联和颈联，落款刻有他的号"于山老人识"，还刻有其姓名章"于成龙印"一方和字"北溟氏"一方。他对此诗留迹是十分慎重而认真的，姓名、字、号三印齐全。碑高1.49米，宽0.73米，全文六行行书（图5-7）。

康熙三十七年（1698年）固关增设参将，这一驻兵体制一直延续到清末。康熙四十二年（1703年）十一月，康熙帝第三次西巡[1]，驻跸柏井驿，作《过固关》，诗曰："鸟道入

1 在《山西通志》中记载为十月。

图5-7 瓮城西侧的碑刻

图5-8 故关总平面

云中，风光塞漠同。人依险地立，城自越山丛。俗仆观民舍，才多壮士雄。芹泉连冀北，回首指青骢。"

　　光绪二十七年（1901年）三月，固关遭遇八国联军的攻击。当时刘光才督军率众在固关固守[1]，而娘子关清军守将方友升却弃关逃跑。八国联军占领娘子关后，速向固关迂回，固关守军腹背受敌，寡不敌众，退出固关。根据当时的"辛丑记事碑"记载："五日卯刻，乘虚破苇泽关，未刻破旧关，炮雷弹雨，血肉狼藉，凄惨不堪言状。"

二、固关关城格局

　　固关位于群山环抱的山坳之中，凭险而立，傲视环围（图5-8）。《平定州志》中描述其地势险要，有"两山险隘，关居其中，盖晋之咽喉"的语句。根据《西关志》中的记载，我们也可以看出固关之险："故关新城，井陉旧道，车不得方轨，骑不得成列。陉山

1 督军官衔在清朝为省级军事长官，位高权重。

119

图5-9 固关水门上雕刻精美的护水兽

环峙，绵水旋流，龙泉险绝，林木叶茂，盘砺五台，襟带滹沱。合而言之，当秦、晋、燕、赵之冲，有金汤磐石之固云。"

固关经过明、清两代几百年的逐次扩建和修缮，配套设施逐步完善，形成了较为完整的防御系统。关城建有西城门一座，东北门一座，重门一座，水门一座（图5-9），瓮城墙一道，护城墩六座，关城前有护城河，名"甘跳河"。城墙依山而起，高大厚重，坚不可摧。

1．城门

固关关城主要城门为西门和东北城门，两门皆以铁板钉裹，两侧炮台林立，晨昏启闭，戍卫严密。其中又因西门面向西来的蒙古骑兵，位于防御的主要方向，设防尤为坚固。

西门门额上书明代王士翘所题"固关"两个大字，架于两侧悬崖之间，门洞由巨石砌筑而成，上立重檐歇山顶门楼，门西以林立的峭壁为天然照壁，气势逼人。明末刚刚攻陷

图5-10 瓮城

图5-11 自西南向东北望瓮城

图5-12 瓮城城楼手绘

太原的李自成欲东进攻打北京，路经此关时却只能望门兴叹，感叹此关"插翅难飞"。

穿过西门进入城内，迎面便是向东北方向蜿蜒延伸百米有余的弧形瓮城（图5-10～图5-12）。瓮城两侧高墙耸立，墙壁由碎石砌就，壁面光滑难以攀登，墙头立有女墙垛口，守城士兵居高临下可将闯入瓮城的敌军一网打尽。青石铺筑的瓮城道路因长久行车已经被碾出了深深的车辙印，承载着厚重的历史。瓮城的尽端有一砖砌重门，过重门后，即是关城东北门。

2．配套设施

明朝于城内设三座衙门，固关军事地位之重由此可见一斑。"大衙门"占地约1500平方米，建筑主体面宽七间，雕梁画栋装饰精美，由三品武官把守；"二衙门"规模较小，由掌管勤务的把总负责，在城内后街；"小衙门"位于西城门内，是守备换岗和办公之处，由分管过往商贾行人税收的士兵负责。

沿城墙拾级而上，即可见一方形砖砌建筑，此即主要用于储存军械弹药的仓库"药楼"（图5-13）。关城内辟箭道一处，方便官兵走马射箭，并在城南建有骑兵大校场，内设演武亭、点将台、跑道、箭台，城西边则有用于练兵的小校场（图5-14）。

图5-13 药楼

图5-14 固关关城留存的火器

对于久经沙场、命由天定的士兵来说，精神寄托是必不可少的，所以固关城内庙宇众多，有龙王庙、老爷庙、文昌庙等大小庙宇共十几处，而其中最具规模的便是关城北面西峰山上的老母庙、关帝庙和玄武庙。

把守固关的除了坚固的关城外，还有环城山峰上矗立的炮台。这些炮台分为头台、二台、三台、进楼台、鼓楼台、双台、园台、四方墩、南山墩、东山墩等九台三墩。炮台高十余米，平面为方形，台内有石阶通往台顶，其中尤以筑于西峰山巅的三台和双台位置最高。

3. 长城

固关的长城向西北和东南延伸。西北段长城由固关关门至娘子关嘉峪沟，全长约13公里，建有敌楼5座，烽火台2座，炮台7座，城墙均由石砌而成。东南段则经将军峪村至白灰村村口，长约7公里，建有敌楼3座、烽火台1座，炮台5座，亦为石砌。现城墙主体尚存，保留较好的地方墙外侧高有三四米左右，顶宽两米有余。

建筑装饰

JIANZHU 装饰

ZHUANGSHI

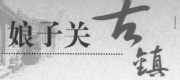
娘子关古镇的建筑装饰以砖石雕刻为主，间或辅以木雕，装饰纹样相对简洁，装饰色彩多为灰白色调。同时，一种纹样或同类纹样往往会在多处重复出现，使得具有较好的整体性和统一性。

一、墀头装饰

墀头是古代建筑中山墙伸出至檐柱之外的部分，用以支撑前后出檐，承托和保护檐口。按其结构，可分为上、中、下三个部分，分别称盘头、上身和下碱。娘子关古镇的墀头装饰主要集中在盘头下添加的楼阁、博古架或须弥座上，多选用砖雕。雕饰的上部往往有收分，中部为雕刻主题，下部常有底座，或做简单的外挑。在同一个院落内，墀头的取材往往来自同一组人物故事或同一类吉祥图案，体现出连贯性和统一性。娘子关古镇的墀头形式多样，内容丰富，而且寓意深刻，题材广泛，往往通过人物、故事、花卉、鸟兽等多种图案所含的各种吉祥寓意，来表达各种美好愿望以及传播一些做人做事的基本道理，以教育子孙。根据其图案类型，主要有可分为植物类、动物类、器物类三种及其组合类。常见的组合形式是，在主要的吉祥图案的上下两侧，分别作一些辅助性的装饰图案。常见的辅助性图案有祥云、芝草、蝙蝠以及盘长等。

上董寨村王家大院老二家倒座房外墀头（图6-1），选用葫芦作为吉祥图案，四周环以卷草图案，其下加衬回纹和几腿图案。葫芦属藤本植物，籽粒繁多，藤蔓绵延绵长，取多子多孙和长久之意。民间还认为葫芦寓意吉祥，可辟邪气。

而上董寨村王家大院老三家倒座房外墀头（图6-2），则雕有南瓜，瓜上枝叶缠绕，茂盛异常，象征子孙繁多、家族兴旺。《诗经·大雅·绵》云："绵绵瓜瓞。"疏云："大者曰瓜，小者曰瓞。""瓞"与"蝶"谐音，"瓜蝶"即是"瓜瓞"。此处虽然没有出现"蝶"，但同样被寄以世代绵长、香火不绝的心愿。

上董寨村王家大院老大家倒座房，其院内墀头仅有画框而无几腿座。正面画框内雕有牡丹（图6-3），而侧面画框内则为梅花（图6-4）。牡丹雍容大度，香能盖世，色绝天下，乃"花"之富贵也，自古就有"国色天香"之美誉，一向是富贵和荣誉的代名词。梅花因其品格，傲霜雪，作为四君子之一，用来比喻高洁。梅花五瓣还象征五福（即快乐、幸福、长寿、顺利、和平）。

图6-1 上董寨村王家大院老二家倒座房外墀头

图6-2 上董寨村王家大院老三□□座座房□□墀头

图6-3 上董寨村王家大院老大家倒座房内墀头正面

图6-4 上董寨村王家大院老大家倒座房内墀头侧面

同一种图案也可以有不同的雕刻方式和形状。在上、下董寨村的墀头中出现的牡丹的形状就截然不同。上董寨村的牡丹形式规整对称（见图6-3），而下董寨村的牡丹自由随意（图6-5），更加生动活泼；而在娘子关村的形式抽象（图6-6），在上董寨村写实的瓜也展现了截然不同的两种风格。

上董寨村王家大院老大家倒座房外墀头（图6-7），雕刻几只神态各异的松鼠，在同根生长的葡萄藤上"吃"葡萄，并饰以蔓草，下部添加几腿座，雕有几腿及回纹。"松"与"孙"谐音，葡萄多子，暗喻"多子多孙"，寓意整个家族人丁兴旺。图中几只松鼠以不同的姿态觅食，形象地勾勒出"子孙"为了生计，在各自岗位不辞劳苦、日夜辛勤的

图6-5 下董寨村西大街1号的墀头

图6-6 娘子关村下道街51号的墀头

图6-7 上董寨村王家大院老大家倒座房外墀头

精神。每个松鼠代表一代，同根生长的葡萄藤意在没有分家，似乎在叮嘱家族子孙遇事忍耐、和睦相处。

同样图案的墀头会以不同的表现形式或色彩出现，比如上董寨"耕读人家"及娘子关村的墀头，虽然雕刻的也是松鼠与葡萄，但"耕读人家"的墀头是以博古架的形式出现的（图6-8）；而娘子关村的墀头则绘有色彩，同时，四周饰以竹节画框（图6-9）。此外，下段的几腿座雕饰也不相同。

在上董寨村全神庙墀头雕有"鲤鱼跃龙门"图案。传说每年春季，有数千善于跳跃的鲤鱼争赴龙门山下，而能上者为龙，不能上者则为鱼，民间把"鲤鱼跳龙门"比作旧时科举制下的中考者，赞美其光宗耀祖，亦有希望得到高名硕望之意。在庙宇中雕有这样的图案，主要是因为当时的庙宇大都是高中做官的人主持修建，用来表现自己衣锦还乡的荣耀，同时用来激励子孙（图6-10）。

图6-8 上董寨村"耕读人家"的墀头

图6-9 娘子关村下道街4号的墀头

图6-10 上董寨全神庙的墀头

上董寨村王家大院墀头饰有如意、钱币图案，意指希望家宅繁荣昌盛、财运亨通，其造型优美。在这里，如意和金银锭组成"必定如意"的图案，借谐音手法表示事业必定成功（图6-11）。

下董寨村及娘子关村还出现了单独雕有马的图案的墀头（图6-12～图6-15）。马代表着忠诚、勇敢，"天马"即古人对西域良马的称谓。古代神话传说中，亦把天马视为能飞的神兽，因此，文人在诗画中，常用在天空任意驰骋的天马，来比喻超群出众的才气、奔放豪迈的气势。此处极富动感的天马，衬以祥云、波浪，充分展现出天马行空的意象，被称作"海马流云"。

图6-11 上董寨王家大院院内墀头

图6-12 下董寨村中北街3号的墀头

图6-13 下董寨村中西大街6号的墀头

图6-14 下董寨西大街1号的墀头

图6-15 娘子关村下道街38的墀头

　　此外，狮作为一种独特的吉祥图案，也多次出现在娘子关古镇的墀头中（图6-16、图6-17）。狮自古就是百兽之王，被用来作为权力和威严的象征，有神圣、吉祥及驱邪除恶的寓意，是威严强盛的象征，起到看家护院的作用。在下董寨村出现的最多的吉祥图案是"狮子戏球"，代表着欢庆，象征幸福及官运亨通之意。

　　"琴棋书画"作为古人学习的主要科目，也出现在了娘子关的墀头图案中，用以表现古人对于高尚情操的追求，以及对子孙的勉励（图6-18、图6-19）。

　　在下董寨村东大街8号还出现了一种极其简单的墀头，单有楼阁的形式，而没有任何的装饰图案（图6-20）。

　　此外，除了砖石雕刻外，还有以彩绘形式表现的墀头，如上董寨村街巷民居（图6-21、图6-22）。

　　概括来说，娘子关古镇的墀头装饰，往往非常直白地表达出主人的意愿和追求。如采用松鼠、马等吉祥动物图案，以象形或谐音的方式来表达对长寿、高官厚禄、多子多孙及对财富的向往。比较而言，北京四合院的墀头则是以花卉植物为主。这种现象可以反映出娘子关村民旧时务实而又直白的世界观，及其对经商的重视。而北京位于天子脚下，森严的等级制度使得一些装饰图案可能在题材与内容上受到限制。而花卉祥鸟等喜庆图案较为自由，因此

图6-16 下董寨村小街巷的墀头

图6-17 下董寨东大街9号的墀头

图6-18 娘子关村民居墀头

图6-19 娘子关村民居墀头

图6-20 下董寨东大街8号的墀头

成为一般人家墀头装饰的首选，这就是北京四合院的墀头雕刻以花卉植物为主的原因。此外，娘子关的墀头雕饰风格是杂糅的、兼具南北风格的。这主要是受其旧时繁荣的经济贸易所致。所以，娘子关的雕刻是介于北方的古朴大方与南方的灵动雅致之间的。

图6-21 上董寨街巷民居大门西侧墀头　　　　图6-22 上董寨街巷民居大门东侧墀头

二、墙基石装饰

墙基石（又称墀头角柱）一般是与墀头成组出现的，位于墀头的最下端，其宽度与墀头宽度相同，厚度与阶条石厚度相同。在娘子古镇的墙基石一般分为三段，上段为一面宽矩形画框内雕图案；中端为一纵长形矩形画框，是墙基石最精彩也最复杂的部分，作为墙基石装饰的主体；下端大都为几腿座。

上董寨村王家大院老三家屏门外西侧的墙基石（图6-23），主体雕有"鸾凤和鸣"吉祥图案。古代传说中，鸾是凤凰一类的神鸟，凤凰是能给天下太平的吉祥鸟，鸾与凤的组合常以一雄一雌为象征，比作夫妻相随。"鸾凤和鸣"即是比喻婚姻美满，夫妻和谐。东侧的主体（图6-24）则雕有鹭、莲花组成的"一路连科"图，寓意仕途顺遂。"鹭"通"路"，"莲"通"连"，莲花生长，常常连成一片，故谐音"连科"取意，旧时科

图6-23 上董寨王家大院
老三家屏门外西侧墙基石

图6-24 上董寨王家大院老
三家屏门外东侧墙基石

举考试，连续考中谓之"连科"。两侧墙基石上段则均为花饰画框，代表富贵繁荣。

上董寨村王家大院老三家大门外墙基石（图6-25），雕刻"凤戏牡丹"图案，象征乐明和幸福。自古以来，在人们的习惯意识中，凤凰都是美好之物。把牡丹与凤凰放在一起，构成凤戏牡丹的图案，更增添了凤鸟的优美情趣。下段的几腿座则造型简单，主要用来衬托其上段。这一吉祥图案还出现在了关城大口街25号的墙基石上（图6-26）。

在上董寨村王家大院老二家大门外的墙基石，中部雕有"岁寒三友"，即

图6-25 上董寨村王家大院老三家大门外墙基石

图6-26 娘子关村关城大口街25号的墙基石

图6-27 上董寨王家大院老二家大门外西侧墙基石

坚毅不拨的青松、挺拔多姿的翠竹、傲雪报春的冬梅，它们虽系不同属科，却都有不畏严霜的高洁风格，用以比喻忠贞的友谊，同时结合其他图案，表达出不同的含义。西侧（图6-27）雕有喜鹊落在梅枝上的图案，即"喜鹊登梅"。在中国传统习俗上，喜鹊被认为是一种报喜的吉祥鸟。梅开百花之先，是报春的花。所以喜鹊立于梅梢，即将梅花与喜事连在一起，表示喜上眉梢。而鹤与翠竹则组成了"竹鹤长春"，又称"竹鹤延年"的长寿图案。其上端画框内雕有寿桃，代表着福寿延绵。东侧（图6-28）则雕有鹿与松树，鹿是梅花鹿，是传说中的仙物，是长寿和永久的代表，松比喻生命力旺盛，有富贵长寿之意。鹿与松树以及另一侧的仙鹤组成"鹿鹤同春"的图案，又称"六合同春"，表示天地四方皆春，欣欣向荣。东侧的上段则为石榴，表示了主人多子多孙的美好愿望。

在下董寨村东大街墙基石雕"福禄寿"图（图6-29），采用高浮雕手法，雕刻有由象征福、禄、寿的蝙蝠、鹿、松树组成的吉祥图案，其上段为立体的"喜鹊登梅"图案，下段为莲花型的须弥座。"喜鹊登梅"在关城大口街26号大门东侧的墙基石中也是作为主体

图6-28 上董寨王家大院老二家大门外东侧墙基石

图6-29 下董寨东大街民居的墙基石

图6-30 娘子关村关城大口街26号大门东侧的墙基石

图6-31 娘子关村关城大口街26号大门东侧的墙基石

图6-32 上董寨村关圣
庙大门西侧墙基石

图6-33 上董寨村关圣
庙大门东侧墙基石

图案出现的（图6-30），而在关城大口街26号大门东侧的墙基石中则是作为陪衬图案出现，其主体图案为"松鹤长春"（图6-31）。

如上所述，在居民建筑的墙基石中，吉祥图案大都由植物、动物以及器物类组成，而在庙宇类公共建筑中，则出现了诸如人物类的图案。比如上董寨村的关帝庙，庙门前的角柱石上均雕有守门神，两侧的形象大致呈现镜像关系，但细节处却略有不同，其中西侧手执钢鞭的是尉迟敬德（图6-32），而东侧是手执铁锏的秦琼（图6-33）。

此外，除了上述雕刻复杂的墙基石外，娘子关古镇还有雕刻相对比较简单的墙基石。如上董寨村王家大院老二家屏门外的墙基石（图6-34~图6-37），仅雕有造型简单的铺首、回纹以及下部的几腿座。铺首本为嵌在门上的装饰，是兽面纹样的一种，有多种造型，嘴下衔

图6-34 上董寨王家大院老二家
屏门墙基石

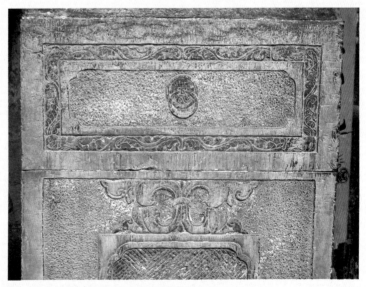

图6-35 上董寨王家大院老二家屏门墙基石细节

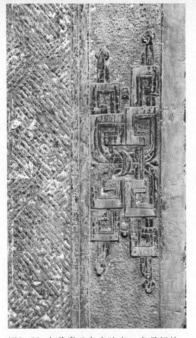

图6-36 上董寨王家大院老二家屏门墙基石细节

图6-37 上董寨王家大院老二家屏门墙基石细节

一环，一般多以金属制作。但在这里，它却被雕刻于墙基石上段的面宽画框内，虽是砖石材料，但同样用来表示避祸求福，祈求神灵像兽类敢于搏斗，保护自己家庭的人财安全。回纹图案环于纵长画框四周，代表安全、回归，寓意福寿吉祥深远绵长。图案层次丰富，是由云雷纹衍变而来的，是对子孙的鼓励，希望他们能不怕挫折与失败，一直勇敢坚持到底。同时，表达了主人希望自己的事业能够不断前进、福与寿都深远绵长的美好愿望。

三、土地祠装饰

中国自古就有对土地神的崇拜。土地载万物，又养万物，长五谷，以养育百姓。《左传·通俗篇》有云："凡有社里，必有土地神，土地神为守护社里之主，谓之上公。"所谓土地神就是社神，其起源是对大地的敬畏与感恩。在中国传统文化中，祭祀土地神即祭祀大地，以此来祈福、保平安、保收成。

娘子关古镇曾以耕种为主，将土地神视为其衣食父母，自是少不了拜祭。因此，在娘子关古镇，家家户户都有土地祠，有的甚至一户人家有两个土地祠。这些土地祠以"龛"的形式镶嵌于正房中间一间右侧的墙壁或影壁上，类似于佛龛，均为屋宇式，造型精致、灵巧。其一般由三部分组成，上段为匾额，均刻有"土地祠"；中段为龛，作橱子形，用以安置土地神的雕像，外设门扉；下段作外挑台座。各个土地祠主要是通过上段匾额周边的装饰以及台座雕刻图案的变化来丰富其造型。

　　上董寨村王家大院老二家的土地祠（图6-38），龛室上有出檐，下段檐台呈规整方形。浮雕有几腿座，匾额的三面环有植物纹饰。

　　而上董寨村王家大院老大家影壁上的土地祠龛（图6-39、图6-40），两侧有矩形柱子形成檐廊，檐台雕刻有由两头狮子及绣球组成的"双狮戏球"图案。

图6-38 上董寨村王家大院老二家土地祠

图6-39 上董寨王家大院老大家影壁土地祠

图6-40 上董寨王家大院老大家影壁土地祠细节

图6-41 上董寨王家大院老三家外院土地祠

图6-42 上董寨王家大院老三家内院土地祠

图6-43 上董寨民居中的土地祠

上董寨村王家大院老三家有院内、院外两个土地祠。院内土地祠（图6-41）的匾额两侧雕有对称的祥云图案，祥云图案形象丰富生动，意境独特深远，代表幸福美满和高官厚禄，祝颂官运亨通即"平步青云"。檐台雕有"喜鹊登梅"吉祥图案，方形规整，表示喜上眉梢。

院外土地祠（图6-42）的檐台则由莲花型的须弥座和简单的几腿座构成。莲花在神学中被认为是西方净土的象征，是孕育灵魂之处。历代诗人赞美莲花出污泥而不染，濯清涟而不妖，中通外直，把莲花喻为君子，给以圣洁的形象。匾额则置于外挑的龛檐中部，两侧雕有对称的寿桃图案，代表万寿无疆。

在上董寨村还出现了一种独特的土地祠形式，如图所示（图6-43），整个土地祠除了完整的上下檐台以及中间的龛室外，在其上檐上方的墙壁上还有蔓草纹环绕的寿字图。寿星是我国民间流传甚广的三吉星之一。取意长久如南山之寿，不骞不崩，长命百岁之意。此处的寿字选取了古代篆书寿字的字头部分，并对其作对称及美化加工，造型别致。壁龛上部出檐深远，呈庑殿式屋顶，具有完整的屋脊、檩条以及椽子，雕刻细致细腻。匾额两侧为立体的祥云图案，下端的出檐则雕有重复的回纹图案。龛室外有檐廊，檐廊柱础简单规整。下段檐台则同样雕有"喜鹊登梅"的吉祥图案。整个土地祠雕刻得精致完整。

不同于上董寨村重视下段檐台的做法，娘子关村的土地祠将大部分的装饰都集中在龛室的门扉上。门扉两侧雕有对称的四瓣花式漏窗及四瓣花式门扇，上部则有底衬圆形的"神赐永福"四个大字。此外，对屋脊也有立体向平面演变，并延伸其高度，以此来扩大装饰空间（图6-44）。

而下董寨村东大街6号的这个土地祠（图6-45）造型就简单得多了，除了简单的基座外，没有任何装饰。

图6-44 娘子关村民居中的土地祠

图6-45 下董寨东大街6号的土地祠

四、斗栱装饰

图6-46 上董寨王家大院老大家倒座房的斗栱

斗栱是中国古代建筑在柱与梁交接处的一种结构。从柱顶上一层层探出成弓形的承重结构叫"栱"，栱与栱之间垫的方形木块叫"斗"，合称斗栱。斗栱除了满足承载的使用功能外，还具有美化建筑物的装饰作用。层层叠叠、有条有理的建构造型，使得斗栱看起来精巧而富有韵律。同时，外挑的斗栱使得建筑物出檐深远，加强了立面效果。娘子关古镇的斗栱雕刻图案多以兽头作为主体，辅以卷草、祥云、回纹，形成了不同的视觉效果及含义。

上董寨村王家大院老大家倒座房的斗栱（图6-46），其平身科，以外伸的兽头为昂，张开的双翼为板，构成了立体而动态的形象。斜昂上部雕有龙头，在下部卷草的衬托下，威严生动、气势逼人。两翼布满透雕的回纹图案，除了其自身精致细腻外，还使得檐下空灵缥缈，不仅如此，倒座的穿插枋的枋头也雕有回纹，形成了上下叠落、前后有序的柱头空间（图6-47、图6-48）。角科则插入山墙之中，其雕刻花样以祥云纹饰为母题展开（图6-49）。

龙以其神圣、祥瑞的特点，作为吉祥图案的一种，多被雕于高处，与祥云、回纹等图案相结合，除渲染出一种神秘、幽深的空间氛围外，还蕴含了主人对于家族能够飞黄腾

图6-47 上董寨王家大院老大家倒座房的平身科侧面

图6-48 上董寨王家大院老大家倒座房的平身科正面

图6-49 上董寨王家大院老大家倒座房的角科

图6-50 上董寨王家大院老三家大门的斗栱

达、子孙后代可以福泽延绵的美好愿望。

而王家大院老三家大门的补间辅作则以卷草图案为主，图案简洁而不简单，双层的枋斗翼栱图案母题相同，却以不同的透雕手法完成，整体造型灵动、舒展（图6-50）。

此外，王家大院还出现了一种特殊的斗栱形制（图6-51）。除了与栱板相垂直的正昂外，在正昂的两侧各以45°倾斜角外伸出一斜昂，形成了三个昂头，即"八角斗栱"。昂头均雕以龙头，下衬卷草，造型自然，呼之欲出。甚至还有更为精致、复杂的"十二角斗栱"（图6-52）。

斗栱以木材为主，但也出现了雕于墙壁上的石质斗栱，这类斗栱大都仅用来装饰，而没有支撑作用。由于这些斗栱以装饰为主，所以其上部出檐较浅，将斗栱的造型更加清楚地展现出来。这类斗栱无论是在图案的变化及雕刻的手法上都更为多样，形成了王家大院的重要标志（图6-53～图6-55）。

图6-51 上董寨王家大院老二家大门的斗栱

图6-52 上董寨王家大院老大家大门的斗栱

　　以王家大院老二家屏门的斗栱为例，共有三个斗栱（图6-56）。两侧斗栱位于山墙上端，其昂头雕以祥云，栱板则为卷草（图6-57）；正中的斗栱则为龙头斜昂与回纹栱板的巧妙结合（图6-58、图6-59）。像这种并不将雕刻图案的主题与陪衬雕于同一种构件上，而是通过两侧突出中间、以多衬少的方法来进行表现的装饰手段，也是娘子关装饰的一大特点。

　　综上所述，娘子关的斗栱作为其建筑装饰中极具魅力而又深奥的一部分，以极其简单而又标准化的构建，组成了千姿百态而又变化丰富的种类。但是不论斗栱的材质及样式如何变化，都集功能与造型于一体。

图6-53 上董寨王家大院的龙头石质斗栱侧面

图6-54 上董寨王家大院的龙头石质斗栱侧面

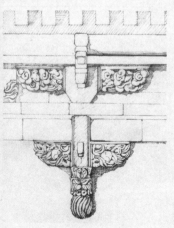

图6-55 上董寨王家大院的龙头石质斗栱正面

图6-56 上董寨王家大院老二家屏门的斗栱

图6-57 上董寨王家大院老二家
屏门两侧斗栱的祥云斜昂

图6-58 上董寨王家大院老二家屏门
正中斗栱的龙头斜昂

图6-59 上董寨王家大院老二家屏门
正中斗栱的回纹栱板

五、门枕石装饰

　　门枕石，俗称"门墩石"，顾名思义，就是大门枕在石头上，是固定门框、门轴的一个石质构件。其中，门外部分称为门墩，主要有箱型与抱鼓型两种。在中国封建社会中，受等级制度和等级思想的制约，宅居的营造必须遵循礼制要求，宅门及其门前装饰自然也不例外。因此，对于一般的富裕人家和平民百姓，要想装点门面，又要避免逾制之嫌，方法之一就是加大门枕石。娘子关古镇内加大后的门枕石给人感觉端庄沉稳，宽大规矩的立面，再雕刻上各种吉祥图案，显得既美观又得体。

　　上董寨村的王家旧时曾是官宦人家，门前抱鼓石雕有小狮子，这是低级武官等级的一种门墩（图6-60、图6-61）。抱鼓石形为"圆鼓子"，由上、中、下三部分组成，上部是侧立的鼓形，下部是须弥座，由承托鼓形的鼓座形成自然过渡。圆鼓子高约80厘米左右，顶端刻有狮子形象，三面有雕刻装饰。狮子除了辟邪守宅的作用外，还通"事"，与形似如意的鼓座相结合，寓意"事事如意"。鼓面雕"五福捧寿图"，其中周围雕五只蝙蝠，蝙蝠谐音"福"，中间一篆书"寿"字为中心图案。五个蝙蝠围绕着一个寿字，预示着五福临门，五福捧寿，五福兴旺，祈愿寿者日益健旺，事业发达，富贵康宁，家族繁荣昌盛，五德齐集，和谐美满，永远繁衍不息。据《书经》、《洪范》中记载，"五福"代表着"长寿"、"富贵"、"康宁"、"好德"、"善终"。鼓身则配以线条流畅的牡丹纹饰。下部须弥座正面雕有象征天马行空、志在千里的"海马流云"图，侧面为象征着长寿的寿桃，整体图案极具观赏性。

　　在娘子关村杨家大院门外有箱形门墩一对，上各蹲一石狮，均脚踩绣球，面容祥和。方墩底座的正、侧面分别雕有以"二狮闹春"与"四季平安"为主题的吉祥画框。两只小狮子形象生动，其形象与上蹲大狮子协调统一。"四季平安"图案中，瓶通"平"，四季花代表"四季"，代表着在一年四季中，月月幸福（图6-62、图6-63）。狮形门墩在关城大口街25号大门口也有出现，但其造型较为呆板（图6-64）。

　　门墩丰富多彩的装饰激发了人们的炫耀心理，作为一种主人身份地位的标志物，即使在强权统治下的时代，它也很快在各地普及开来。走过一个大门，只看那门墩就一目了然，就知道里面住的是文官还是武官以及哪个等级的官。

图6-61 上董寨王家大院抱鼓石正面

图6-60 上董寨王家大院抱鼓石侧面

图6-62 娘子关村杨家大院东侧门枕石

图6-63 娘子关村杨家大院西侧门枕石

图6-64 关城大口街25号门枕石

六、门窗装饰

门窗作为中国古建筑中极其重要的一部分，具有采光、透气功能，兼有装饰作用。娘子关古镇的窗洞多为矩形（图6-65）和半圆形（图6-66），也有少量圆形等特殊造型（图6-67）。

直棂窗是用直棂条在窗框内横平竖直地排列成犹如栅栏的形式，造型简洁、古朴，几乎没有任何花饰。但是就是这种简单的排列，也有不同的呈现方式，如上董寨村王家大院的"步步锦窗棂格"（图6-68），长短不同的横、竖棂条按照一定规律，组合排列。不仅图形优美，还有"步步高升，前程似锦"的美好寓意。此外还有"双交四椀"（图6-69）及"龟背锦窗棂格"（图6-70）的形式。

图6-67 关城圆形窗洞

图6-68 上董寨王家大院老大家厢房的"步步锦窗棂格"

图6-69 上董寨上寿圣寺的"双交四椀"

图6-65 下董寨东大街6号矩形窗洞

图6-66 娘子关村半圆形窗洞

图6-70 上董寨上寿圣寺的"龟背锦窗棂格"

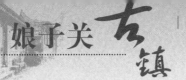

七、其他装饰

　　娘子关古镇的建筑除了上述内容外，还表现在柱础、雀替、影壁、吻兽、铺首等方面。

　　娘子关古镇的柱础形式多样，如王家大院雕有回纹图案的方形须弥座柱础（图6-71），全神庙造型简单的圆锥形柱础，娘子关村木质的鼓镜式柱础。甚至还有博古架式的柱础，雕刻精细，雕刻手法浑然天成（图6-72）。

　　娘子关古镇的雀替以上董寨村王家大院为代表，其雕刻极其精细。对称的葡萄及其藤蔓不断缠绕延绵，蕴含了多子多孙、福泽延绵的美好向往（图6-73～图6-75）。

　　娘子关古镇的影壁无论大小，装饰的繁简程度，都有一个明显的特点，即以土地祠为中心。这就导致了其影壁的其他装饰多用来衬托中间的土地祠。如上董寨王家大院老二家的这款影壁，土地祠位于影壁的中心，环以方形竹节画框，画框再点缀以回纹图案，整体上看，有简有繁，取舍得当，构图协调统一（图6-76）。

图6-71 上董寨王家大院老三家正房檐廊方形须弥座柱础

图6-72 上董寨下寿圣寺博古架式的柱础

图6-73 上董寨王家大院老三家大门雀替

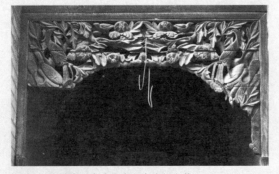

图6-74 上董寨王家大院老二家大门雀替

图6-75 上董寨王家大院老大家大门雀替

图6-76 上董寨王家大院老二家影壁

娘子关的吻兽并不多见，多出现在庙宇及大户人家的屋脊。数目的缺乏并没有影响其雕刻的细致程度，反而凸显了其珍贵和精致，排列非常规整，做工精细，成为娘子关古镇建筑装饰的一大特点（图6-77～图6-79）。如上董寨村王家大院老三家屏门屋脊上的这款鸱吻（图6-80）生有双翅，龙头高举，仰天长啸，威风不已。鸱吻双翅的雕刻手法与屋脊相一致，巧妙地将鸱吻进行了延伸。

铺首即门上的衔环兽面。《汉书·哀帝纪》载："孝元庙殿门铜龟蛇铺首鸣。"宋代高似孙《纬略·金铺》："《通俗文》曰：'门首饰谓之铺首'"。娘子关古镇的铺首，多为金属铸成的瞪目张口的狮头，表示避祸求福，祈求神灵像兽类保护家庭的人财安全，有守门之意（图6-81～图6-85）。

此外，在娘子关还出现了雕刻精美、花饰繁杂的砖石装饰。如王家大院墙壁上出现的雕有"琴棋书画"图案的石板（图6-86、图6-87）。这种墙面装饰不仅加强了立面表现效果，还与院内的墀头图案形成了呼应，使得整个院落的装饰具有整体性。

图6-77 关城宿将楼屋脊鸱吻侧面

图6-78 关城宿将楼屋脊鸱吻侧面

图6-79 关城关帝庙西厢房屋脊鸱吻侧面

图6-80 上董寨王家大院老三家屏门屋脊鸱吻正面

图6-81 上董寨王家大院铺首

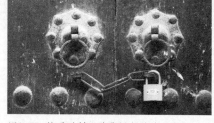

图6-82 娘子关村兴隆街民居铺首

图6-83 娘子关村下道街6号铺首

图6-84 娘子关村大口街25号铺首

图6-85 娘子关村宿将楼铺首

图6-86 上董寨村王家大院砖雕（一）

图6-87 上董寨村王家大院砖雕（二）

附　　录

附录1　娘子关古镇历史建筑测绘图

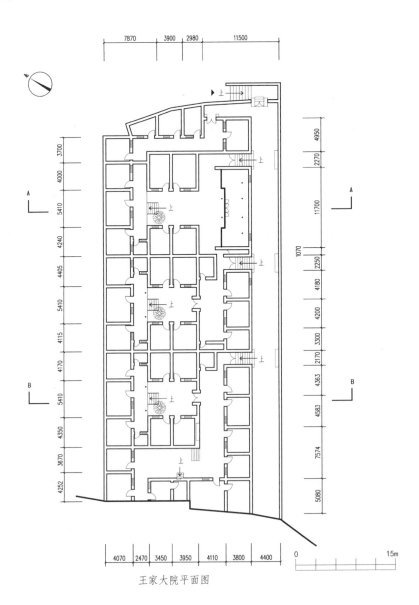

王家大院平面图

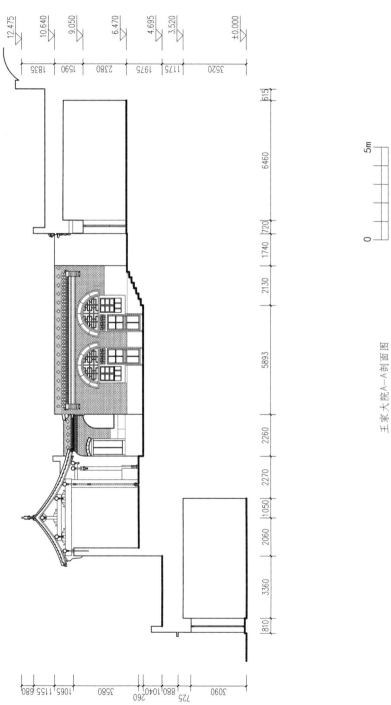

王家大院A—A剖面图

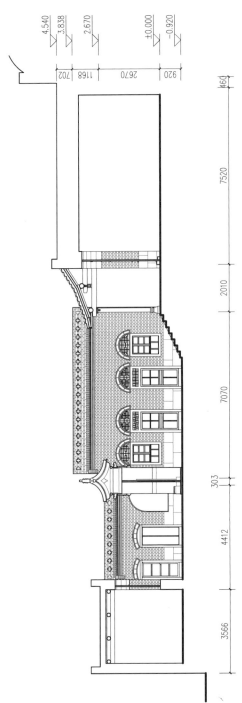

上董寨王家大院B－B剖面图

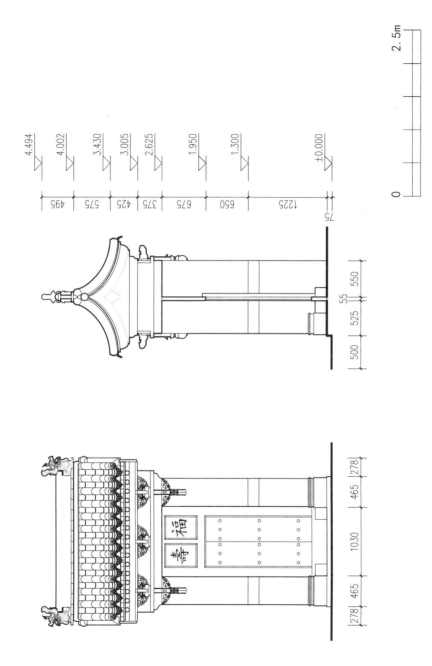

上董寨王家大院王宿龙宅院屏门大样图

4.494
4.002
3.430
3.005
2.625
1.950
1.300
±0.000

495 575 425 375 675 650 1225 75

550 55 525 500

278 465 1030 465 278

福 寿

0 2.5m

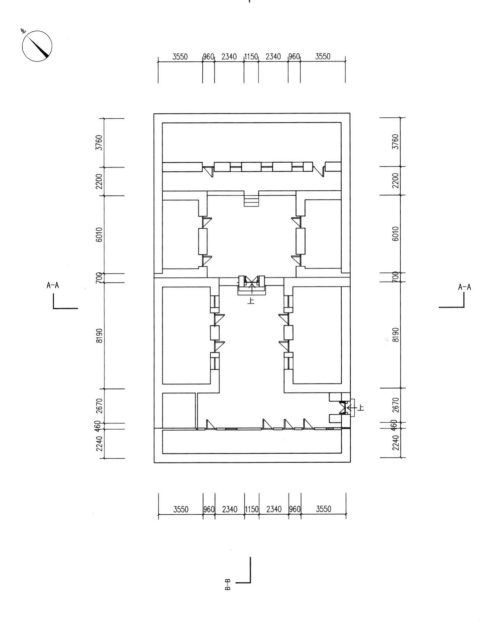

邵家大院平面图

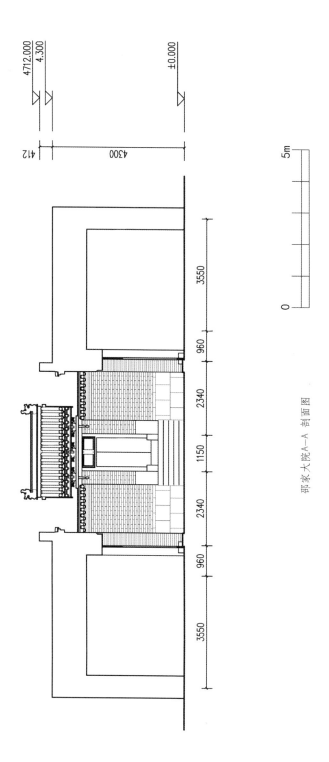

邵家大院A—A剖面图

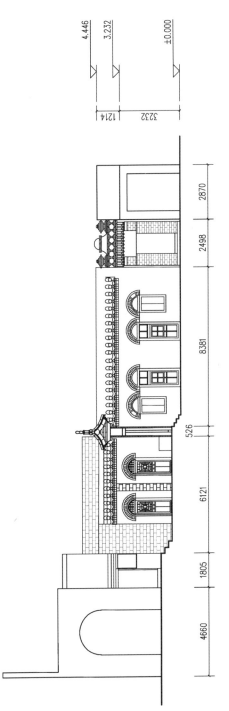

邵家大院 B—B 剖面图

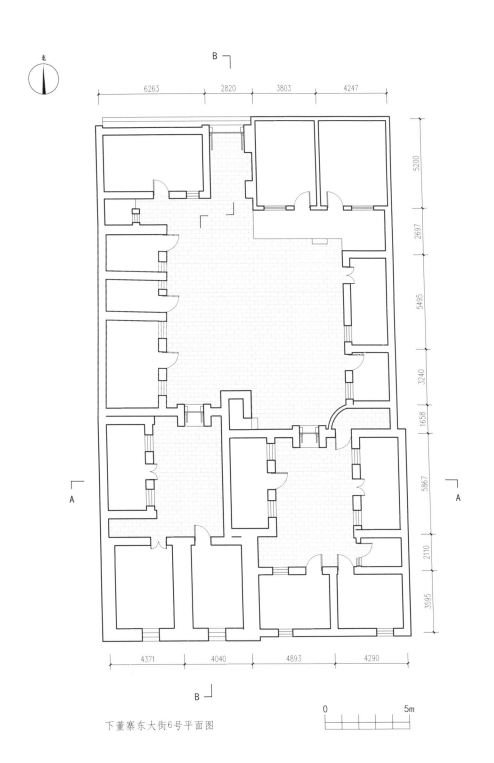

北

B

6263 2820 3803 4247

5200

2697

5495

3240

1658

A A

5867

2110

3595

4371 4040 4893 4290

B

0 5m

下董寨东大街6号平面图

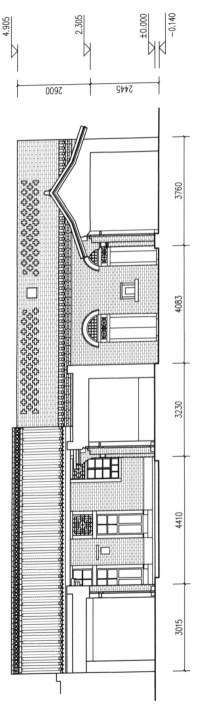

4.905

2.305

±0.000

−0.140

2600

2445

3760

4083

3230

4410

3015

5m

0

下董寨东大街六号A—A剖面图

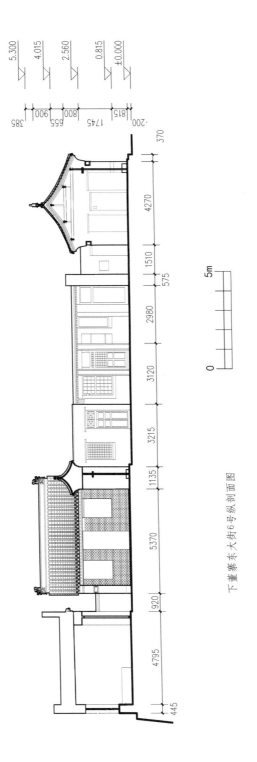

下童寨东大街6号纵剖面图

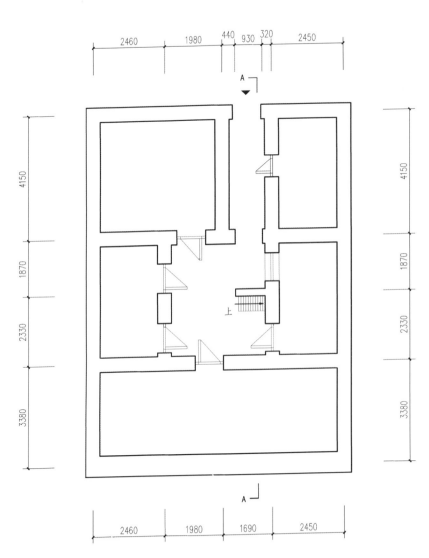

上

2460　1980　440　930　320　2450

4150

1870

2330

3380

A

A

2460　1980　1690　2450

4150

1870

2330

3380

下董寨东大街2号（药店）平面图

0　　　　　　　　　　5m

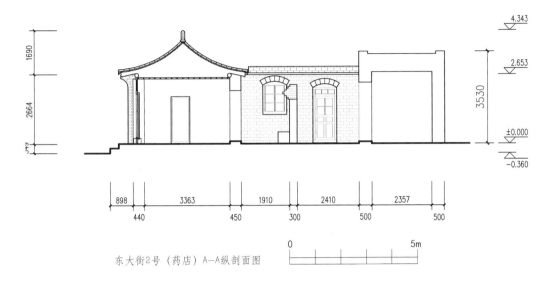

4.343

2.653

3530

±0.000

−0.360

1690

2664

898　　3363　　1910　　2410　　2357

440　　450　　300　　500　　500

0　　　　　　　　　　5m

东大街2号（药店）A—A纵剖面图

1622

1470

1070

360

1591

1094

1440

360

2890　　1160　　2890

430　　　　　　　　430

0　　　　　　　　　　5m

东大街2号（药店）A—A纵剖面图

附录2　碑文选录

《铁元始赞》碑　承天军城记

　　唐　李谭

　　易称设险，诗曰干城，盖陈述公侯藩捍王室也。晋东井陉者，韩淮阴伐赵之路，连天作险，蹙地成隘，一夫奋守可以当万人。开皇大业，贼臣总燕师者，逾盟津，突函谷，有窃天下之志。时元戎蓟公虑贼轶于我，乃申命开府张公奉璋严式式遏，公谋包百胜，雄入九城，名垣犬戎，容仿佛麟阁。既至，登鹳鹊洪中顶，四顾而叹曰："敌在吾目中矣！束其口，扼其喉，兹乎！"遂度地势，笼山截谷，筑登登，削凭凭，不日而毕具。缭崇墉于岩半，百雉云矗；冠小城于峰巅，万仞天削。沿以楼橹，实以军府，铁骑千匹，虎贲百计，旌拂霄红，甲曜日白。于是明之以斥堠，严之以赏罚。使见而出，逐彼者易于转圜；知难而守，攻我者难于上天。则虽云梯地道班输再生，莫我及矣！其发石也，星落乎九天之上；伐鼓也，雷闻乎六虚之表；饮马也，夸池可汲而竭；奋力也，常山可踏而倒，岂止屋振瓦飞而已哉！城成，帝嘉之，锡号承天，信承于天也。由是南北千里，东西两乡，飞禽走兽不逾越矣！

　　注：此碑现存于娘子关镇城西村老君洞墙壁

妒女颂并序

　　唐　李谭

　　粤若稽古征诸陈迹，虽年移代谢而损益昭然，是以宋玉《高唐》之辞，盛于南国，曹王《洛神》之赋，永播于东周，莫不事载图书、名标史简。晋东之美者，有妒女之祠焉。其神，周代之女，介推之妹。初文公出国，介推从行，有割股之恩，无寸禄之惠，誓将毕命，肯顾微躯，仪表飘殒于没湮名迹，庶几于不朽，后纵深悔前路难追，因为灭焰之辰，更号清明之节。妹以兄涉要主，身非令终，遂于冬至之后日积一薪，烈火焚之，以易其俗，谚云：进日斫柴一日烧，此之谓也。合境之内，畴敢不恭，顺之则风雨应期，逆之则雷霆份物。兄则运心以求合，我则处室以全真，兄则禁火以示诚，我则焚柴以见志，惟兄及妹，与世殊伦。传曰：介之推终不言禄，禄亦不及，浑天记曰：著寒食者为助阳气，用厌火星。所说不同，互有得失，其来远矣！安可阙如，纵因事之宜，亦自我作。古祭法曰：其有废之，莫敢举也。其有举之，莫敢废也。东北至土门之口，西南距盘石之山，方圆百里，别成一境。天宝中以贼臣背化，国步犹艰，涂炭生灵，焚烧甲第，伊我遗庙，岿然独存，簪裙近叶于当时，庭宇更新于往日，性惟孤直虚见，授于妒名，行本坚贞，实堪垂令范。

　　今幸边尘不动，海水无波，蕞尔小戎，曷足为患？昔虞舜至圣，尚有苗人之诛；殷汤至明，岂无葛伯之伐。盖以君为元首，臣作股肱，飘摇辕门，屏藩王室，乃命河东节度副大使兼工部尚书太原尹、北京留守薛公讳兼训警此禁闱。公掌握衡镜，心韫韬钤，势若转规，词如泉涌，运筹帷幄，孙吴讵可比其能，料敌戎旃，卫霍不足方其秒，渐江遗爱但美还珠，汾浦来苏唯欣去善。申命我承天军使节度副使、前永平军节度右厢兵马使、银青光禄大夫、试鸿胪卿同山南东道节度经略副使、上柱国党公讳升镇兹巨防。公天子忠臣，元戎外翰，志惟清而惟谨，行不滔而不骄，往任清台，职居总统，近归本道，位处专城，投醪之义远闻，挟行之情久著。爰自至止，星管再周，路不拾遗，人皆乐业，长筵继日，士忘其劳，细柳垂阴，众歌其美，水碾成而永逸，众好维传；军井达而当闲，伏波不竭。君依神以徽福，神以君以庇躬，事势相应，理亦条贯，固以书其已往，播于将来，贞石既磨，斯文可作。

于其泉涌祠下蓄为碧潭，飞入大河喷成瀑布，崩涛荥爵杂雷霆之声，温云拨日类风水之会。经深寒而气蒸万象，处炎燠而清润一川。灌木扶疏，引千条而接影，纤苗霍靡，夹高岸而随风。自古及今非军则县，未尝不揆月撰日备享其礼，奉祈秋赛，庶乎年登，巫觋进而神听之，官僚拜而俯或仰，既而坎坎伐鼓，五音于是克谐，峨峨侧弁，三军以之相悦。公之德也如此，神之应也如彼。且河北数州，山西一道，或衣以锦绣，或尊以珍羞，无昼夜而息焉！岂翰墨之能喻。咸以商者求之而获利，仕者祷之而累迁，蚕者请之而广收，农者祈之而多稔，不然，则奚能遐迩奔凑奉其如在？盖闻有而不言谓之隐，无而言之谓之诒，又闻夸睹尚奢，惬心者贵当，承命迷事敢不勉旃，谨因退食之余，梣比陈其梗概也。铭曰：

凡有异行，宗之曰神，匪害于物，实利于人。
兄则禁火，妹乃积薪，共为佳节，在乎芳春。
今古千龄，方圆百里，德音无斁，蒸尝不已。
祭具珍羞，服先锦绮，所求必应，高山仰止。
将军塞下，细柳营边，晴开朝镜，雾杂炉烟。
神理昭昭，灵草芊芊，纪诸令范，光武承天。
井陉西南，太原东北，妒祠之水，澹为黛色。
跳彼喷浪，如有可则，古往今来，源流不忒。
兴云致雨，侔造化力，颙颙昂昂，象君之德。
或祈或祷，永无休息，神之歆之，福善宁极。
注：此碑现存于山西省博物馆

重修老君庙堂记

明 李荣

余博综载籍，老君即老子也。老子陈人，为周藏室史，修道德，其学以自隐无名为务。周景王时，孔子过周问礼，老子曰："良贾深藏若虚，盛德容貌若愚。去子之骄气与多欲态，色与淫皆无益于子之身。吾所以告子者，若是而已。"孔子返，谓弟子曰："老子其犹龙耶！"久之，见周德衰，乃乘青牛车西入秦。过函谷关，令尹喜永不望气先知焉，乃物色遮侯之，迎曰："子将隐矣，强为我著书。"乃作道德经而去，史称无为自化，清静自正，以其修道而养寿也。迄今盖上下三千年云。平定郡东七十里许有承天寨，为晋赵咽喉。昔晋文公驻兵于此，故以寨名。寨半石穴号老君洞，洞中像老君，其所由来旧矣，必得而镜云。唐昌庆间，若韩昌黎退之、裴晋公中立，迨胜时，左丞吕思诚或道经谒瞻，或假寓修业，其记文可考而知也。我皇明启运文教，韦新名贤，若乔太宰白岩，既先伯大夫松溪，先大夫蒲石，咸有题咏赞述。且绵山峙列，贰水交流，白云、水帘、果老三洞环绕，间哉一郡之大观也。岁久为风雨剥落圮湮。义者梁君忠顾视咨嗟，乃纠众输财，金装神像，焕然一新。又创建护法神庙一，钟鼓楼二，门橹三。规方处全，纡回地脉，视昔有加焉，因征余为记。或为李子曰："老氏务无为而庙貌是新，吾子崇正学而庙记作，无乃相左乎？"曰："不然，老子之隐，隐于周之衰也。今明德隆隆，嗣三代矣。籍令老氏而在，不将假柱下之、封章佐圣主以□□白献乎？入关之时，将隐时也。且强为官尹著五千余言，矧余当不讳之朝，景行往哲，扬历盛美，又何嫌其崇异也？"呜乎！宣尼至圣也，尚适周而问礼；昌黎大儒也，晋公名世也，诸仙达贤豪也，尚瞻谒而称赞，矧渺渺予末小子乎？梁君，巨室也，有合于深藏若虚之义，又

不徼福于神焉，故为之论，记如此云。

　　时万历三十四年（1606）岁次丙午春望日

　　注：此碑现存于城西村老君庙内

重修老君祠碑记

　　平定盘石都，村以塔崖名者有二，故称东西塔崖云。西塔崖在州东北约有六十里许，其土俗丰伟，民情浑厚，地势高阜处有保厄庵，老耳修炼之所也。后人因立祠与此，实于承天都老君祠势相表里。大元至正间，元人兴重修之后。有吕公左丞书篆存验，盖古刹也。但历年湮远，栋宇倾颓，墙垣崩覆，观此废宫，亦徒增乎离□之悲耳！其间，虽有女冠石氏，以主之其如，力□不终何适。有本都巨族石伦等，慨然输财，纠众兴工起役，于嘉靖□□年三月十一日至十六年秋始落成也。见其殿宇墙垣焕然一新，老君肖像□□□□□。殿东创立一小祠，子孙神□焉。夫仍旧贯以重修公仪也，畅□□□□□□。

　　明代嘉靖二十二年（1543年）立

　　注：原存于娘子关镇西塔崖村老君祠

重建龙王行祠记

　　稽古大宋郡守欧阳修柏子坑赛龙处？旧有会应祠，绘五龙像，五龙各封□□。及我太祖高皇帝甲午驻跸濮阳，是年秋七月，适丁旱，叹尝祷雨于神，大著灵应。洪武九年，敕有司建祠宇，以故是祠遍天下而有之。平定承天都上董宅亦有此祠，虽创建□传意或此时也，至嘉靖己丑岁大饥，贫民为盗者甚众，咸将材木窃毁或供炊灶，或易衣食，未几栋宇消然，所存惟遗址而已。适有僧德宁买木，盖小祠三间，亦未广大。越乙巳岁，有乡民王辅、赵的周二公念祠未广大，□兴改作之役而未果，迨明年夏六月不雨，师现以为龙神之震怒而致然。二公□输粟出资，庸工集材，未三日雨应，众皆大悦，以为龙神之灵应也。于是王敬率十数人，同心协力，各输财以助□，□公乃□□氏凿石礤为路，以便往来，构正殿五间，两廊三间，门楼一所，绘裳龙行□及天神牛王水草大王群神，咸妥于祠。其祠前对凤凰山，后靠卧龙岗，盖胜景地也。工兴于嘉靖二十四年春二月，至九月殆成，有王辅子廷宝请予为记，予乃言曰：尝闻名山大川之能兴云致雨，为当时所崇祀者，固多然，未有若龙神效灵之著，为□代褒崇者也，特纪其实，刻诸石以传，于后□游观者有可考。

　　明代嘉靖二十六（1547年）年立

重修寿圣寺记

　　郡治东北七十里许，承天都董寨村在焉。郡右安平乡也，有古刹寺曰寿圣者，其寺凤凰山虎视于前，卧龙岗盘依于后，左溪涧，右嵯峨，是诚一方之镇也。肇建于皇宋大中祥符间，日久栋宇倾废，仅有遗址。

　　国朝成化己丑岁重修，于是始翼然还于旧规，迄今数十年风雨震陵，梁柱摧折，残于复圮。是时，本寺住持僧德宁慨然以修建为任，尝作而叹曰："观庆宫者，尚有黍离之悲，况佛以传教，寺以栖佛。盖寺存则佛存，佛存而不教亦随之矣。"顾可□□也，即乃捐之资，输已粟，以为重倡。一时，乡人及义士闻之，多乐为之助。遂鸠工庀材，阔地广基，殿宇因其旧而增修□益，以梁拱饰以丹漆，高广倍初，轮奂有加焉！始构正殿三间，南殿三间，东西庑各一所，仍其旧也。又铸□钟一口，重千斤，新构钟楼一所，悬钟于上，铎振一乡，更其新也！至是，则巍然美丽，耸然壮观，非复前日之朴质蓁芜也。是役也，经始於嘉靖癸巳岁九月，历明年夏五月工毕，宁师及诸徒具始末来徵予记，且曰：宁等乡者领白岩乔公之命，欲立碑记，而力不堪。今年碑具，请记焉！予诵所闻，大略不悖。于吾儒者而告之曰：自□王之迹熄，而佛之教始入于中土，学者得其书而传之，□数千万言要其大旨，示人去恶而趋善，舍邪而归正者也。然善恶邪正不外于心，心之于人大矣，天地万物无不具于性中，而心者性之地也。佛之为佛，岂外是哉。夫皆有是心而利欲汩之，故忘己逐物、率流荡不返者举世皆是，而未有能尽其才者也。若能去心之蔽，复性之本，所谓直指人心，见性成佛者，其在兹矣！今观宁师之与是役也，有二德焉，因旧更新不失其礼也，用财适宜当乎人心义也，然礼义吾性之固有心而已，上事举而二德备焉。宁师可谓善事其心者矣，岂邪恶所可论哉，遂书之以为记。

注：娘子关镇上董寨重修寿圣寺碑，明代嘉靖二十六年立。

碧天洞新建藏山大王行祠记

平定州置在万山中，其山川之毓秀，风景之清幽，盖有不可胜言者。至于娘子关乃古晋城之遗址，捍卫王畿之要路也。是故，名山峙于是焉，桃水环于是焉，至于仙人之道，淮任大之□□与大士人之乐利，咸有赖于是焉。兹故一州之胜景，已见于铁佛寺之石评也。子□赘焉，因壬戌岁秋旱，乡人祈祷雨泽，□连庄藏山大王神威感应，祈祷之所素验者也。于是，胁众处诚拜请安祝。□焉，云雾迷空，甘霖专降，其神力能回造化焉，何如耶结而神？因山泉骈丽，圣迹幽清，将故择此以留之。故使灵地而预见，是碧天洞之出诚不偶然也。适有地主梁云纠首李月、段金、杨才、道人刘重庆等，感威灵之显佑，效图报之寸诚。于是，纠众捐金共成盛事。至癸亥岁六月二十日起工修造，将碧天洞除其荆棘，平其险峻，斯不逾岁，而庙貌环宇焕然一新。而钟鼓鼎磬之类，亦莫不然如也。乡人之瞻仰拜谒者，恃不有可据乎。迨至落成之后，而神明之□□不□职官之暴断，其感应之神必灵。藏山大王神之所以得名，而素显应于四方者，连庄之石已备载矣。矧此洞层□声翠，玉峡净难，□□□水，恍青□之翻浪，环接绵山，若白虎之负英诚，一方之钟秀兴神之奇地也。不然始祠于连庄，再祠于州境，而今复祠于碧天洞，则神之所慰，从者不亦形彰也哉。虽然，神固不可不敬也，而也不可渎祀，礼不可不□也，而也不可烦否。则流至于□且□矣，其于敬神何哉？书曰：礼烦则乱，□神则难，语曰：敬鬼神而远之，不亦明征也。酿□斯役也，乃乡者梁云等，丐四方之财共成之，特请子一言以纪于石碑。倡议者之姓名不□，而后之作俑者有所扳。

注：娘子关碧天洞新建藏山大王行祠碑，明代嘉靖四十三年立。

重修观口玄帝阁记

是阁之起，建山水之奇观，勒碑于左，不烦再傲。但年深日久，圣像凋残，楼址倾颓，难堪瞻礼。后人否为修，将致不可修者矣。有卿善冯谏、李桂等，□念重修，供备匠作，不惮其劳。乃募化诸卿，或出资财，或供力□后不等，修盖楼阁，金妆圣像，焕然一新，功不可泯。予正修竹众过求文于我，自笑武夫，焉能翰墨，不惭哩言，聊记岁月而已。

原任大同□马堡守备丁国柱撰

康熙十五年岁次丙辰季春吉旦

重修崇岩寺记

辛丑之冬，十月既望，予与客携酒鸟道攀沿，悬桥尘步，游于崇岩之上，睹古木之苍翠，观怪石之巍峨。少焉，登台而远眺，野鸟栖岩，已而入洞，仙境崆峒。老僧烹茶，欣欣然徜徉得意，既怂尤而怂食悠悠焉!徘徊良久，复怂迈以怂年。于是，饮酒乐甚，击节而歌之。歌曰:古庙兮辉煌，更新易旧兮重光;数年之前兮嗟颓败，今日来兮不荒唐。客有偶游斯境者，□襟危坐，商问予曰:何为其然也?予曰:程家庄东西接址，唇齿五村，辅车数邑，美庆福缘，有领袖僧海端阳、武忠、程 、程士乾等，以倡率于先，祭风祷雨，合助缘□，接武于后，今日之庙貌华丽，佛像鲜明，此非五村众纠首三十余家之功德□。捐金粟不谋而合，输力役者不约而同，独力难成，而共襄大事者，此非五村积善人之助缘乎。然而老僧之募化，效力亦有足多者。客欣然而喜，洗盏更酌，向予请曰:信如予言，功德若此，曷可口而没而不彰予?于是援笔而为之记。

注:娘子关镇崇岩寺重修崇岩寺碑，系清代康熙六十年十月立。

钟鼓楼碑

昔颛顼命飞龙氏铸洪钟，伊耆氏造王鼓，少昊作建鼓，钟鼓之设由来久矣!夫钟也者，空也，内空受气多，故声大也!鼓也者，动也冬至之阴，万物含阳而动也!以节声乐，以和军旅，其用最广，而相传又有晨钟暮鼓一说。凡建庙宇，往往设钟楼鼓楼，意者取义于斯乎。承天都有镇里村，居绵山之侧，泉流涌出，乔木丛生，平定胜境，莫逾于此。村东建关帝庙一座，栋宇幽雅，难以名言，但庙前尚少钟鼓二楼，未免全中有缺，美中有玷也。冯君讳铸，毅然欲补其缺而跻于美。由是一人倡于前，众人随于后，村中人等莫不欣然，□有建楼之举，是义举也。足□往来行客，观庙貌而叹壮丽。而且晨闻乎钟，暮闻乎鼓，入耳傲心，不啻□帝君之赫濯威灵，显烁于痦寐寝兴之地，其发人猛省，为何如也，然则古昔铸钟造鼓之义，原属宏深，而今兹钟楼鼓楼之建，岂为一虚□设。功成事竣，住持僧绪政虑时久易湮，希余为文，铭之于碑，以志不朽。

    郡庠生　　段庆撰
    郡庠生　　志贤书
    大清乾隆岁次戊寅癸寅月吉旦
    注:此碑存于娘子关村老爷庙内。

重修戏台碑记

戏台者，歌舞之处也，记者何为重修也，记重修何以其资损铺家也。呜呼!重修戏台修资铺家，此事可谓义举矣!镇里村商贾十数家，嘉庆八年，铺家同议，以为取资于斯，而祈神之佑，可乎!因于二月财神前献戏，五月关圣前献戏，铺中献钱物，全村人载欣载奔，各无难色。数年问，除记戏价，颇有余剩，又见关帝前戏台圮□，乃于财之所剩为改观。嘉庆十四年四月，缺者补之，旧者新之，一旦落成，村中也为之增光焉。呜呼!此事可谓义举矣!

    郡庠生　　杨大杨　撰
    郡庠生　　荆　荣书
    大清嘉靖十七年四月吉日立
    注:此碑存于娘子关村老爷庙内。

葺补各神庙碑记

盖闻修寺造塔乃皈依佛教，建庙立祠实崇祀夫神功。先哲创建于前，知经营之非易，晚近补修于后，也图度之维艰。平定州百十里许，娘子关镇里村旧有铁佛寺、龙王庙、三官庙、碧天洞、南北山神庙，历年久矣！风雨损坏良可慨已。岁在壬戌，村中耆老相聚而谋曰：古人有言，莫为之难，□□彰，莫为之后，虽盛弗传。今庙垣朽败，神像剥落，而不为之修补，将何以妥佑神灵，继美先哲乎！于是相应争输资财，缺者补之，朽者易之。或阔其基址，或高其垣墉，神像重妆，木石再庇。不旬月而焕然一新，□功告成矣！余喜众耆老之乐善有同心也，遂不辞而为之序。

　　　　原任墙子路都司府杨□□篆额
　　　　大清同治元年岁次壬戌中秋谷
　　　　注：此碑存于娘子关村。

补葺西阁重塑神像记

大凡道武之神，祀典所载详且尽矣，兹宜特记合耶。光绪庚子岁，拳匪招衅，欧美联军陷京师。于时两宫西狩，晋东要隘皆兵□也。明年三月五日，夷骑出北峪口，官军溃窜苇泽关，固关，同日失守。两关之间，毒烟灼空，人物涂炭，民宇神祠半成焦土，而吾关西阁之神像尤残毁不堪言状。父老亟欲整顿，以商农元气于亏，有志未逮。迄甲辰夏，里人冯牧、王永、王权、马希弼、王钗等，慨然以金妆神像为己任，集资百余金，振而新之，补其润色。阅月而功竣，语云：当务为急，殆谓是钦，□神遭□教以救王化之所不反也，诸公此举，庶几其知斯义乎，鸿胪寺序班杨凤藻述事。

　　　　注：娘子关镇娘子关村"补葺西阁重塑神像碑"，系清代光绪三十年立。

重修石桥碑记

闻之夏令日，九月除道，十月成果，则知天下之有□□道。人者，道路为重，而桥梁为尤重也。顾创建者即肇始，必须继为者能持其终。斯创建之功，传而继为之功，亦与之俱传□□□工。董寨村东阁外旧有石桥，上通秦晋，下接燕赵，往来商旅；靡不遵行，诚上下之要路，出入之中途也。不忽于上年四月间，河水涨发，根基预毁，路途断绝，行旅艰险，村人目击伤心，共议重修。按地亩捐资，每亩地摊钱四十余文。复踊跃助工，多寡不一，经营数□□□告竣。爰纪其事，以志其岁月云尔。

　　　　郡处士李成章撰并书
　　　　大清咸丰七月菊月谷旦立
　　　　注：此碑立于娘子关镇上董寨村。

重修朝阳阁碑记

州北去城七十里下董寨村，乔木□苍蒿莱路古，东连燕赵，西接秦蜀，洵州之名区也。旧有阁二，东曰朝阳，西曰平安。阁之创建由来久矣，近者风雨飘摇，西阁尚可补葺，而东阁颓坏特甚，阁下长坡石皆倾陷，春霖秋潦，陟降维艰。又村中东西之道约十里许，亦皆毁坏。上人通□乃谋诸父老欲葺理焉。奈村民力难独擅，爰偕村人持沙门之钵远适他方募化布施。于是父老咸输财效力，罔不经营，其间乃重修朝阳阁，量度费务，增其旧制。其基则精石之所堆砌，其上则轮奂之所美观，阶梯重

迭，檐阿飞翚，爰命绘工重施丹雘，饰以金碧，缀以银黄，光明照曜，文彩辉煌，以妥神灵，以壮观仰。岁时伸其祭祀，祈福萌于无疆其有所凭依也，翦莱□木连石，鸠工砌阁下之坡，修东西之道，幸幽人之坦坦，从王道之平平，快捷方式窘步无虑也。至西阁，规模狭小亦为□而大之以便往来。工既竣，诸父老请勒石以志其事，遂为之记。

大清道光二十岁次壬午六月谷旦勒

注：此碑今在下董寨朝阳阁山墙处。

辛丑纪事碑

饮绵水上流

清绝绵泉水，临流手自斟。

饮澄民俗洁，先濯使君心。

密昌墀留刻

辛丑(光绪二十七年，1901年)暮春三月，夷骑数出北峪口，逼关窥探，而武功军丧心不备，五日卯刻乘虚破苇泽关，未刻破旧关，炮雷弹雨，血肉狼藉，凄惨不堪言状。八日，夷骑退，溃勇莠民遂蜂起抢掠。维时四野亢旱，流言骇闻，人心惶惶，朝不谋夕，几不知斯土之祸乱伊于胡底也。幸我太守吴匡□闻警，星夜□驰，于九日抵州，枭除群鼠，力拯哀鸿。州尊密公于十二日兼程东下，甘雨随之。越十日奉令来关，兵燹余生，获睹天日。用是谣言息，强暴戢、四民乃□有生机。公于劝耕之余，偶尔掬饮源头，吟成一绝，父老谨记不忘，爰刊石以当甘棠之遗爱云尔。鸿胪寺序班杨凤藻述事，民保正马希宝经□。

清光绪二十七年五月朔勒石

注：此碑今在娘子关提水工程指挥部楼前水池内壁。

公讼碑

光绪八年冬，镇里村与小口村因公费涉讼。蒙沈解尊批，令仓兵二房，与□贤祠局长贾联元、总书局帅董秀、段玉和和处完给。嗣后，分为两社，各办公事。小口村□为东口具禀，准立牌头一名，与镇里村分出原地一段，东至古道口，西至娘子关东界，所有公项，协同四班原差公同议定，按亩均分。镇里村以地十五顷摊派，东口村每年应纳草四百四十斤，豆五斗，木炭三十斤，盐税钱二百五十六文，出修路钱一百文，凉棚杆子钱五十文，两出情愿，永远遵办，堂批□经处明，准令消案。

十四都局长贾联元撰

注：娘子关镇娘子关村铁佛寺《公讼碑》，系大清光绪九年（1883年）立。

娘子关村白衣庵事变纪实碑文

丁丑季夏，卢沟事变，重阳甫度，娘子关糜烂，半月来，炮火连天，血肉横飞，官峪二沟，成为尸骸最多之地。娘子关前后尽成瓦砾，满目之场惨矣哉。杀气与秋风俱烈，热血同桃水并流，此诚从古未有之。大劫桃源无路，武陵何在，忧惧万端，解救无方，慈善诸君，在此祸乱频仍之际，为求太平赴见，乃捐资补葺。炮火余烬之，白衣庵以妥神灵，庶几，神以人妥，人以神佑，早定干戈，恢复旧观，是所至祝耳。

民国二十七年季夏　勒石

注：此碑现存娘子关镇娘子关村。

奉使镇州行次承天行营
(奉酬裴司空)
唐·韩愈

窜逐三年海上归，逢公从此著征衣。
旋吟佳句还鞭马，恨不身先去鸟飞。

过故关
宋·韩琦

春日并州路，群芳夹故关。
前驺驱驽过，别境荷戈还。
古戍遗残堞，新耕入乱山。
时平民自适，自道乐农闲。

登绵山上方
宋·周昂

环合青峰插剑长，山平如掌寄禅房。
危栏半出云霄上，秘景中收天地藏。
野阔群山惊破碎，云低沧海认微茫。
九华籍甚因人显，迥秀殊怜天一方。

晨发故关寄逢吉诗
宋·司马光

画戟衣中趋绛衣，驿亭门外拂征鞍。
已嗟飘泊三年别，更负徒容十日欢。
暖席未穷谈笑乐，陟冈相望滞留难。
扬鞭策马几多意，原上秋风作晓寒。

娘子关偶成
明·王世贞

夫人城北走降氏，娘子军前高义旗。
今日关头成独笑，可无巾帼赠男儿。

水帘记异

（癸卯九月四日，同杜仲梁赋）

金·元好问

黄华绝境探未穷，道人曾约山樱红。
镜台悬流不易得，世俗名取香炉峰。
七年长路今一到，刺鲠欲满平生胸。
岂知旱久泉脉绝，快意一濯无由供。
神明自足还旧观，涌浪争敢徼灵通。
何因狡狯出变化，胜概转盼增清雄？
天孙机丝拂夜月，佛界珠网摇秋风。
称奇叫绝喜欲舞，恨不百绕青芙蓉。
　　银桥清凉巅，玉镜嵩丘东。
　　世外果无物，邂逅乃一逢。
书生眼孔塞易破，勺水已复夸神功。
东坡拊掌应大笑，不见蜇窟鞭鱼龙。

游承天悬泉

金·元好问

诗人爱山爱彻骨，十月东来犯冰雪。
悬流百里行不前，但觉飞湍醒毛发。
闲闲老仙仙去久，石壁姓名苔藓滑。
此翁可是六一翁，四十三年如电抹。
并州之山水所洮，骇浪几轰山石裂。
只知晋阳城西天下稀，娘子关头更奇剟。
周南留滞何敢叹，投老天教探禹穴。
君不见管涔汾源大车轮，平泉丈八玻璃盆。
不知承天此水何所本，乃与沈渎争雄尊。
平地突出随崩奔，汹如颓波射天门。
太初元气未凝结，更欲何处留胚腪？
素虬腾掷翠蛟舞，衮衮后出皆鳄鲲。
雷车怒击冰雹散，石峡峻滑苍烟屯。
凭崖下视心魄动，自愧气衰笔老胜。
　　过眼无由吞！
少东水帘亦潇洒，珠琲一一明朝暾。
阳龙暗滋瑶草活，磐石自与莲汤温。
　　神祠水之浒，仪卫盛官府。
　　颇怪祠前碑，稽考失莽卤。
吾闻尹革台胎，宣汾洮，障大泽，自是生有自来归有所，假而自经沟渎便可尸祝之，祀典纷纷果何取？
子胥鼓浪怒未洩，精卫衔薪心独苦。
楚臣有问天不酬，肯以诞幻虚荒惊聋瞽。
宇宙有此水，万古万万古。
人言主者介山氏，且道未有介山之前复谁主？
山深地古自是有神物，不假灵真谁敢侮。
稗官小说出闾巷，社鼓村箫走翁媪。
当时大历十才子，争遣李谭镵陋语。
石林六月清无暑，人家青红湿窗户。
射鹿有场鱼有浦，好筑漕台俯洲渚，瓮面椰瓢挹膏乳。
醉扶红袖别吴歌，风雨不忧惊妒女。

【原诗尾注】闲闲公守平定，以大安庚午来游，迄今壬子，四十三年矣。土俗传介子推被焚，其妹介山氏耻兄要君，积薪自焚，号曰：妒女。祠碑，大历中制官李谭所撰，辞旨殊谬，至有"百日积薪，一日烧之"之语。乡社至今以百五日积薪而焚之，谓之"祭妒女"云。

过固关
金·元好问

过关天日正晴明，谁道山神不世情。
远客得归心绪别，陇沂间作断肠声。

固关
元·吴镇

雄晋咽喉在，　岩关此地分。
双门开片石，一剑倚层云。
牧马空前垒，椎牛忆戍军。
秋风吹白草，哀角几家闻。

老君堂
明·乔宇

洞门高揾绵川胜，杖履生来岁屡更。
云浮九霄看月色，风回千嶂听松声。
山人解送渊明酒，羽客能吹子晋笙。
三十六天知远近，仙踪吾欲访寰瀛。

观绵水
明·乔宇

西岭寒流绕涧斜，离离石子带晴沙。
穷源不觉缘溪远，览胜何妨问路差。
松坞尽时还列栅，桃源深处可移家。
临风翻出清商调，漫把湘弦听伯牙。

董卓垒
明·谢榛

石艾郭东路，行行薄暮天。
农桑晋甸服，文轨汉山川。
涧水风犹咽，林花火似燃。
空余董卓垒，不使后人怜。

娘子关
明·王世贞

夫人城北走降氏，娘子关前高义旗。
今日关头成独笑，可无巾帼赠男儿。

过固关
清·爱新觉罗·玄烨

鸟道入云中，风光塞漠同。
人依险地立，城自越山丛。
俗朴观民舍，才多壮士雄。
芹泉连冀北，回首指青骢。

路过故关
清·孔尚任

苍崖翠壑几层环，乱插危峰见故关，
径窄难容人并过，城高不敢雁轻还，
诗中边势云烟秀，画里军容剑佩还，
却被秋风催感慨，古来争战是名山。

固关
清·王祖庚

厄塞分燕晋，雄关亦壮哉。
鸟从云外度，人自日边来。
新垒军容盛，荒村驿骑催。
槐花秋雨路，历下洵诗材。

炉女祠集句
清·吴岩

山木女郎祠，　（王维）
西路翩翩去时，　（韩翊）
彩幡新剪绿扬丝，（苇庄）
槐花点散深思。（陈元初）
练带平铺吹不起，（李贺）
漠漠黄花履水。（朱放）
锈领垂蓬髻，（杜牧）
含情咫尺千里。（鱼元机）

娘子关
民国·李素

唐家娘子军令颁，娥眉当关壁垒严。
山色苍苍鹰盘空，水声滔滔鱼深潜。
朝云东滞井陉口，暮云西沉盘石山。
暮暮朝朝几沧桑，山色滴翠映雄关。

过娘子关
现代·郭沫若

娘子关头悬瀑布，飞腾入谷化潜龙。
茫茫大野银锄阵，叠叠崇山铁轨通。
回顾陡惊溶碧玉，倒流将见吸长虹。
坡地二十六万亩，跨过长江待望中。

后　记

　　最近在英国的大学中做一年访问学者，有机会到英国各地的乡村考察。所到之乡村，多古朴而现代。所谓古朴，就是这些乡村往往保留了许多百年以上的建筑、景致、雕塑、小品等，显得沧桑厚重，美好宁静，典雅古香，淳朴自然，颇具乡土气息；所谓现代，就是基础设施完善、空间舒适、景观优美，颇有现代氛围。每次考察这些乡村，都会浮想联翩，钦佩于英国对于乡村文化、建筑遗产的保护意识，钦佩于他们一如既往的乡村保护运动，不但保护历史建筑，保护田园风光，保护清澈溪流，而且即使是新设计建造的房子，也会注意和历史风貌的协调，并利用传统材料和技法，使得乡村有统一而纯粹的美感。

　　本人也绝非"崇洋媚外者"，倒更像是"民族主义者"。每每有人流露出对英国等发达资本主义国家之顶礼膜拜，我多会不知趣地争论和抨击一番。以中国之发展势头，我们不应妄自菲薄，不应以卑谦之心理仰视世界。我们习惯于用"差距"一词，但我想，更多的应该是"差异"。中国是大陆国家，英国是海岛国家；中国的汽车靠右行驶，英国的靠左的行驶；中国的邮筒采用绿色，英国的邮筒采用红色；中国重视春节，英国重视圣诞，如此等等，不一而足，这些都是"差异"。但也有例外，在文化遗产保护方面，则是更多地表现出"差距"。英国人的怀旧情结和保护意识，我们望尘莫及。相比较而言，非常遗憾，我们对于乡村的保护，没有给予充分的重视，大量的古村镇遭到建设性的破坏，很多历史建筑和街巷被拆除。

　　滚滚历史长河面前，我们无力改变现状，但至少可以尽个人之微薄之力。正是基于这样的认识，我们课题组从2004年开始，一直致力于古村镇的研究。不敢奢望保存所有的重要古村镇，但至少我们可以进行记录和研究这些古村镇。

　　从2010年暑假开始，我们课题组对娘子关古镇进行了较为深入的调查和研究。在调查和研究过程中，我们得到各方面的帮助和支持。山西省住房与城乡建设厅厅长王国正、总规划师李锦生等领导对这套丛书给予了高度重视和积极支持。山西省建设厅城建处处长张海同志（原村镇处处长）对本书的定位、框架提出了许多宝贵意见和具体指导。村镇处处长于丽萍同志为了保证调查研究工作的顺利开展做了大量的组织和协调工作。娘子关镇副镇长段晋平、副镇长武根成、上董寨退休教师王安宁、下董寨会计董继纲，对我们的调查研究给予了多方面的支持和帮助。在此，一并表示衷心的感谢。另外，本书的部分工作还得到北京交通大学"红果园'双百'人才培育计划"的资助。先后参加娘子关古镇调查的硕士研究生和高年级本科生有李志新、于代宗、石越、李家琪、白茹等。本书由我、石越、白茹、于代宗、于丽萍、李家琪分别撰写或整理了相关内容，最后由我统一修改定稿。想必书中还会有遗漏、不妥、错误之处，恳请各界学者及广大读者批评指正。

薛林平

北京交通大学建筑与艺术系

2011年9月8日